München

Den besten Überblick über München, die kunstsinnige Metropole des weißblauen Freistaats Bayern, bietet der Olympiaturm von 1972. 290 Meter über Häusern und Straßen liegt dem Besucher die ›Weltstadt mit Herz‹ zu Füßen. Vom Drehrestaurant (in ca. 192 Metern Höhe) aus sieht man hinunter auf die Zwillingstürme der Frauenkirche, auf Siegestor, Stachus und Theresienwiese.

Und man blickt auf die Lebensader Münchens: die Isar, die aus dem Karwendelgebirge kommt. An ihren grünen Ufern finden die Münchner Entspannung in der Mittagspause oder nach Feierabend und Erholung am Wochenende: In den Isarauen, den gepflegten Anlagen, im weitläufigen Englischen Garten. Und im Hochsommer gelangt man auf einem ›Gesellschaftsfloß‹ von Wolfratshausen isarabwärts in die Stadt – eine zünftige Gaudi.

An den Biergartentischen im Englischen oder Hirschgarten hocken Lederhose, Trachtenanzug und Bluejeans einträchtig nebeneinander bei Rettich, Bier und Brez'n. Dann spürt man sie noch, die vielzitierte bayerische Gemütlichkeit. Auf den eleganten und geschäftigen Flanierboulevards ist davon etwas weniger zu merken.

Auch im weltbekannten ›Hofbräuhaus‹ sind Bierruhe und Beschaulichkeit eher selten. Zu laut, zu voll. Wer das wirkliche München sucht, findet es trotzdem noch: in den kleinen Biergärten in Haidhausen, beim Bummel durch die Maxvorstadt auf Schwabing zu, im Park von Nymphenburg oder auf der ›Auer Dult‹.

Münchens Wert als Kulturstadt wird von seinen Schlössern, Baudenkmälern, Theatern und Museen geprägt. Barock und Rokoko, Klassizismus und Jugendstil – verschwenderisch die Vielfalt, üppig die Pracht von Architektur und Kunst der verschiedenen Stilrichtungen. München hat sich aber auch als Zentrum der Hochtechnologie, als Verlags- und Filmstadt sowie als Finanzplatz einen Ruf erworben. Es ist heute ein Wirtschaftsstandort von europäischem Rang; und der Flughafen im Erdinger Moos wurde zu einem internationalen Drehkreuz.

Einen Besuch – egal zu welcher Jahreszeit – lohnt München allemal. Den vorliegenden Bildatlas schrieb Christoph Thoma und fotografierte Urs F. Kluyver. Der Band wird mit seinen Fotos, Tips und Hinweisen jeden München-Besuch gewiß zu einem Erfolg machen.

Wer auf Tradition achtet, verspeist die Weißwürste samt süßem Senf – dazu ein Weißbier – vor dem Mittagsläuten um 12 Uhr; beispielsweise hier auf der Neuhauser Straße.

Titel: Zwischen den Türmen der Frauenkirche findet sich die Mariensäule.

Karlsfeld
Ismaning
Olching
Gröbenzell
Unterföhring
MÜNCHEN
Kirchheim b. München
Puchheim
Aschheim
Feldkirchen
Germering
Gräfelfing
Krailling
Planegg
Forst Kasten
Forstenrieder Park
Gauting
Haar
Neubiberg
Ottobrunn
Unterhaching
Pullach i. Isartal
Grünwald
Taufkchn.
Hohenbrunn
Perlacher Forst
Grünwalder Forst
M.-Feldmoching
M.-Fasanerie
M.-Moosach
M.-Milbertshofen
M.-Schwabing
M.-Bogenhsn.
M.-Haidhausen
M.-Pasing
M.-Laim
M.-Giesing
M.-Thalkchn.
M.-Harlaching
M.-Sendling
M.-Perlach
M.-Trudering
M.-Riem
Olympiastadion
Olympiapark
Theresienwiese
Deutsches Museum
Maßstab 1:150.000
0 1 2 3 4 5 6 km

Schrobenhausen
Pfaffenhofen a. d. Ilm
Landshut
Aichach
Moosburg a. d. I.
AUGSBURG
Freising
Erding
Dachau
MÜNCHEN
Mühldorf a. Inn
Bobingen
Königsbrunn
Schwabmünchen
Fürstenfeldbruck
Waldkraiburg
Mindelheim
Landsberg a. L.
Starnberg
Wasserburg a. I.
Bad Wörishofen
Grafing b. M.
Kaufbeuren
Wolfratshsn.
Bruckmühl
Bad Aibling
Weilheim i. OB.
Schongau
Peißenberg
Rosenheim
Penzberg
Miesbach
Marktoberdorf
Bad Tölz
Murnau a. St.
Füssen
Maßstab 1:800.000
0 10 20 30

Inhalt

München für Kunstfreunde: Hinter dem Denkmal von König Ludwig I., der von 1825 bis 1848 regierte, ragt die barocke Theatinerkirche auf.

U
S

Shopping ohne Abgase

Wenn es keine Hektik verbreitenden Autos gibt, bekommt der Stadtbummel eine ganz andere Qualität. In der Neuhauser und Kaufinger Straße, Theatiner- und Residenzstraße, auf Marienplatz, Stachus und Viktualienmarkt ist der Fußgänger König. Und hier findet er alles, was eines Königs Herz begehrt. Von liebenswert-verstaubt bis megaschrill, von nützlich bis nahrhaft. Das Angebot einer Großstadt eben. Nie vergessen die Münchner, zwischendurch in Cafés und Gaststätten einzukehren. Der Besucher tut es ihnen gern nach …

Quirliges Leben hinterm Karlstor in der Fußgängerzone Neuhauser Straße. Geschäfte und Kaufhäuser findet man hier, mit Bürgersaal- und Michaelskirche, aber auch zwei der schönsten Gotteshäuser der Stadt.

Das Forum der Künste

Ohne König Ludwig I. – er regierte von 1825 bis 1848 – sähe München anders aus. Schon als Kronprinz war die Stadtplanung seine Leidenschaft, hier bewies er Kreativität und Weitsicht. Die bekanntesten Architekten, Handwerker und Künstler seiner Zeit unterstützten ihn bei seinen ehrgeizigen Plänen, aus der kleinen bayerischen Stadt eine Metropole von Weltformat zu machen. Prächtige Straßenzüge und auf dem Reißbrett geplante Vorstädte waren das Ergebnis. Auch als Kunstsammler ging er neue Wege. Er ließ für seine Schätze Museen bauen, die jedermann zugänglich waren.

Ein Portikus mit acht korithischen Säulen führt in das Gebäude der Staatlichen Antikensammlung, eines der drei ans antike Griechenland erinnernden Prachtbauten auf dem Königsplatz.

Driscoll's
Driscoll's

Sinnenfreude am Viktualienmarkt

Ein Fest für Augen und Nase ist Deutschlands wohl bekanntester Markt für ausgewählte nationale und internationale Spezialitäten: der Viktualienmarkt hinter Münchens ältester Kirche, dem Alten Peter. Auch die Ohren haben ihr Vergnügen, wenn sie den Standlfrauen lauschen – obwohl Fremde nur wenig verstehen werden. Wie historisch gewachsen mutet die Atmosphäre an, und dabei existiert der ehemalige Bauernmarkt erst seit 1807 – was der Beliebtheit keinen Abbruch tut.

Die Vielfalt hiesiger und exotischer Früchte und Gemüsesorten auf dem Viktualienmarkt ist beeindruckend. Mag es auch anderswo preiswerter sein, mehr Spaß macht das Einkaufen sicher hier.

Münchens Lebenssaft

Bei den ersten Sonnenstrahlen geht's los. Den Picknickkorb gepackt, pilgern die Münchner in ihre Biergärten. Halten Brotzeit an langen Tischen und bestellen eine Maß dazu. Die schönsten Biergärten gibt es in den Parks und entlang der Isar. Und wer meint, das zigtausendfache Platzangebot sei gastronomische Hochstapelei, wird an jedem x-beliebigen Sommerabend eines Besseren belehrt. Sechs große Brauereien sorgen dafür, daß kein Notstand aufkommt. Freilich: Der Durst tritt auch bei kühler Witterung und im Winter auf, und zwar nicht nur bei den Einheimischen!

Münchens Biergärten sind selten leer und immer kommunikativ. Einer der bekanntesten ist der zu Füßen des Chinesischen Turms im Englischen Garten.

München: Land & Leute,

Grüß Gott in München

Es hat Lebensqualität, wenn man einen sonnigen Tag im Biergarten unter alten Kastanien verschwatzen kann. In München läßt's sich nach wie vor gut leben. Dieses Image bleibt der Stadt treu, die ihre Anziehungskraft auf in- und ausländische Gäste nicht verloren hat. Manch ›vernünftiger‹ Grund wird hervorgekramt, um einen Münchenbesuch zu legitimieren – nicht nur zur Oktoberfestzeit. Da müssen andere Groß- und Millionenstädte schon viel nachdrücklicher die Werbetrommel rühren ... Was München so attraktiv macht, blättert dieser HB-Bildatlas in Fotos und Texten auf. Doch zunächst, für Interessierte, eine Doppelseite Geschichte, Kunst und Kultur, dazu eine Portion Wirtschaft – denn auch das bietet die ›Weltstadt mit Herz‹.

Im Brunnenhof der Residenz erinnert Stammherzog Otto an die Anfänge der Wittelsbacher Herrschaft.

So fing es an

›Munichen‹ (bei den Mönchen) hieß das auf Ursprünge zurückgehende Bauerndorf zwischen Sendling und Schwabing, das in den Annalen von Kloster Tegernsee im 12. Jahrhundert erstmals erwähnt wird. Dort ließ der Welfenherzog Heinrich der Löwe, Herzog von Sachsen und Bayern, eine Brücke (nahe der heutigen Ludwigsbrücke) über die Isar bauen, um so den lukrativen Salzhandel aus dem nördlich gelegenen erzbischöflichen Oberföhring ins eigene Territorium zu verlegen. Samt Zoll, Markt und Münze.

Mit einer Urkunde vom 14. Juni 1158 besiegelte Heinrichs kaiserlicher Vetter Friedrich Barbarossa die geschaffenen Fakten. 1180 fiel der Welfe in Reichsacht, und Pfalzgraf Otto von Wittelsbach wurde mit dem Herzogtum Bayern belehnt, weil er sich auf dem zweiten Kreuzzug verdient gemacht hatte. Eine weitreichende Entscheidung – für München und ganz Bayern. Denn die Wittelsbacher regierten das Land in ununterbrochener Folge fast 750 Jahre bis 1918.

1255 machte Herzog Ludwig I. (der Strenge) München zu seiner Residenz, was auch sein Sohn, Ludwig der Bayer, beibehielt, der ab 1294 regierte. 1328 wurde er Kaiser des Heiligen Römischen Reiches Deutscher Nation und stattete seine Hauptstadt mit beeindruckenden Rechten und Privilegien aus, die sie fast in den Rang einer Freien Reichsstadt erhoben. Für Münchens Entwicklung wichtigstes kaiserliches Edikt: das Salzhandelsprivileg und Stapelrecht, das die Stadt bis 1587 behalten sollte. Zwischen den Salinen von Reichenhall und Landshut durfte nur bei München Salz über die Isar geführt werden. Salz – für München war es buchstäblich ›weißes Gold‹.

Hauptstadt bis heute

Nach dem Landshuter Erbfolgekrieg und der damit verbundenen Vereinigung von Ober- und Niederbayern wurde München 1505 auch Hauptstadt des neuen Großreiches. Sie blieb es durch die Zeit, in der Bayern die Kurwürde errang (1623) und als es zum Königreich avancierte (1806). 1918, mit dem Ende des Ersten Weltkriegs, wurde Ludwig III., der letzte bayerische Wittelsbacher, zum Abdanken gezwungen. Bayern nannte sich fortan Freistaat und hatte weiterhin München als Hauptstadt. Eine unrühmliche Rolle spielte München dann als ›Hauptstadt der Bewegung‹, zu der sie Adolf Hitler 1935 ausrief. Hier hielt er auf dem Königsplatz und Odeonsplatz gern Massenaufmärsche ab. In München formierten sich aber auch starke Kräfte gegen Hitler und die Nazis. Einem Attentatsversuch kurz nach Beginn des Zweiten Weltkriegs im Bürgerbräukeller entging er nur knapp. Die führenden Köpfe der Widerstandsgruppe ›Weiße Rose‹, die Geschwister Hans und Sophie Scholl, sowie Christian Probst waren Studenten der Münchener Uni.

Seit 1949 ist München die Hauptstadt des Bundeslandes Freistaat Bayern. Das Münchener Stadtwappen zeigt einen Mönch in goldumrandeter, schwarzer Kutte, der im Stadttor steht. Von ihm abgeleitet wurde das ›Münchner Kindl‹.

Kunst und Kultur

Die Grundlagen für Münchens Ruf und Bedeutung als ›Kunststadt‹ wurden bereits im 16. Jahrhundert gelegt, als wachsendes Repräsentationsbedürfnis und humanistische Bildungsideale die Herzöge Wilhelm IV., Albrecht V. und Wilhelm V. zu kunstsinnigen Auftraggebern für neue Bauten und Kunstwerke machte. Außerdem kann man allen Wittelsbachern eine gewisse Sammelleidenschaft unterstellen. Sie führte bereits in jenem Jahrhundert zum Bau des Marstall- und Kunstkammergebäudes und des Antiquariums in der Residenz.

Schloß Nymphenburg – heute ein Museum – und sein Park entstanden in glanzvollen Residenzzeiten.

Nach dem Dreißigjährigen Krieg – von dem München weitgehend verschont blieb – setzten Ferdinand Maria und Max Emanuel das auf Repräsentation ausgerichtete ›Mäzenatentum‹ fort. Französische und italienische Barockkultur hielt in Bayern Einzug. Baumeister und Kunsthandwerker wie Agostino Barelli, Enrico Zuccalli, die Asam-Brüder und Johann Baptist Straub begannen, was François Cuvilliés d. Ä., Johann Baptist Zimmermann und Ignaz Günther im Rokoko fortsetzten. Die Schlösser Schleißheim und Nymphenburg erhielten ihr heutiges Gesicht.

Nach einer gewissen Stagnation begann eine neue kunstsinnige Zeit, als Bayern 1806 Königreich wurde. Tonangebend für

Das Reiterstandbild vor dem Bayerischen Nationalmuseum stellt den 1912 gestorbenen Prinzregenten Luitpold dar.

München waren in den Regierungszeiten von König Max I. Joseph (1806–1825) und König Ludwig I. (1825–1848) die Stadtplaner, Architekten und Gartengestalter Karl von Fischer, Ludwig von Sckell, Leo von Klenze und Friedrich von Gärtner. Sie prägten Münchens Stadtbild und gaben ihm das Aussehen, das auch heute noch seine Pracht und Großzügigkeit ausmacht – auch wenn vieles nach schwersten Kriegsschäden ab 1945 mühsam rekonstruiert werden mußte und der Wiederaufbau nicht überall als geglückt bezeichnet werden kann.

Neben Siemens prägen vor allem die Bayerischen Motorenwerke BMW den Wirtschaftsstandort München.

Auch die Könige Max II. (1848–1864) und Ludwig II. (1864–1886), der ›Märchenkönig‹, holten Künstler aus Deutschland und ganz Europa nach Bayern. Von der zweiten Hälfte des 19. Jahrhunderts bis in die frühen 30er Jahre des 20. Jahrhunderts lebten und arbeiteten in großer Zahl Komponisten und Maler, Schriftsteller, Dichter und Denker in München. Max Reger und Richard Strauss, Franz Lenbach und Paul Klee, Rainer Maria Rilke, Henrik Ibsen und Thomas Mann sind nur einige Namen, stellvertretend für viele andere. Berühmt wurde Anfang des 20. Jahrhunderts die Künstlergemeinschaft ›Blauer Reiter‹, zu der Wassily Kandinsky, Gabriele Münter, Alexej Jawlensky, August Macke und Franz Marc gehörten.

Dank der Baufreudigkeit und Sammelleidenschaft der Wittelsbacher Herrscher sind allein elf Schlösser zu besichtigen. Mehr als 60 Museen und über 180 Sammlungen laden zum Betrachten. Besondere Anziehungskraft haben das Residenzmuseum, das Stadtmuseum und die Pinakotheken. Das Deutsche Museum ist das größte naturwissenschaftlich-technische Museum der Bundesrepublik.

In mehr als 70 Theatern, Kabaretten und Kleinkunstbühnen wird große Bühnen- und kleine ›Brett'l‹-Kunst geboten. Die großen Musik- und Sprechtheater der Stadt sind National-, Residenz-, Cuvilliés- und Prinzregententheater, das Staatstheater am Gärtnerplatz und die Kammerspiele. Die Kompanie des Bayerischen Staatsballetts tritt vor allem im National- und Cuvilliéstheater auf. Die Musicalbühne der Stadt ist das Deutsche Theater.

Das Bayerische Staatsorchester, die Münchner Symphoniker und das Symphonieorchester des Bayerischen Rundfunks sind die drei großen Klangkörper Münchens. Veranstaltungsorte für ihre Konzerte sind der Herkulessaal in der Residenz, die Philharmonie im Gasteig und das Nationaltheater.

Wirtschaft und Messe

Daß München heute eine der größten Industriestädte nicht nur Deutschlands, sondern Europas ist, liegt im wesentlichen an der Siemens AG, die nach dem Krieg ihren Firmensitz von Berlin nach hier verlegt hat. Sie ist heute der größte private Arbeitgeber der Stadt. Inzwischen sind rund 1300 Unternehmen der Mikro-Elektronik-Branche beziehungsweise der Luft- und Raumfahrttechnik in ›Bavarian Silicon Valley‹ ansässig, was nach sich zog, daß hier auch bedeutende High-Tech-Messen stattfinden.

Weitere Wirtschafts-Schwerpunkte liegen im Dienstleistungsbereich. Die ansässigen Banken und Versicherungen gehören ebenso zu den Großen ihrer Branche wie die Firmen im Medienbereich. Nachwuchskräfte für die bayerische Wirtschaft rekrutieren sich in nicht unerheblichem Maß aus den gut 10 0000 Studenten der zehn Hoch- und Fachhochschulen der Stadt. München ist weiterhin Sitz des Deutschen und des Europäischen Patentamtes sowie der Max-Planck- und der Fraunhofer-Gesellschaft, die zusammen mehr als 18 000 Mitarbeiter in 150 Forschungseinrichtungen, Instituten und Arbeitsgruppen beschäftigen.

Milliardenumsätze bringt der Fremdenverkehr. 2000 kamen durch circa 6,8 Millionen Übernachtungen und 53 Millionen Tagesgäste rund 6,4 Milliarden Mark in die Stadt. 37 000 Betten in über 380 Hotels, Gasthöfen und Pensionen stehen München-Besuchern zur Verfügung.

Wer München sagt, denkt auch an Bier. Augustiner, Hacker-Pschorr, Hofbräu (über 400 Jahre alt!), Löwenbräu, Paulaner und Spaten heißen die sechs großen Münchner Traditionsbrauereien, die jährlich mehr als 6 Millionen Hektoliter Gerstensaft produzieren und in über 140 Länder der Welt exportieren. Den Brauereien gehört ein Gutteil der mehr als 5000 Restaurants und Gaststätten.

Mit insgesamt 30 internationalen Messen pro Jahr ist München (Riem) einer der führenden Messeplätze Europas. Rund 24 000 Aussteller und mehr als zwei Millionen Besucher aus mehr als 140 Ländern kommen alljährlich. Das alte Messegelände auf der Theresienhöhe wurde zu klein, und die Stadt hat kräftig investiert, um den ehemaligen Flughafen Riem zum neuen Messegelände auszubauen. Die Eröffnung der insgesamt 200 000 Quadratmeter Hallenfläche und Freigelände fand 1998 statt.

Stadt der Medien

München ist stolz darauf, sich Filmstadt zu nennen. Pro Jahr werden in der Isarstadt mehr als 50 Kino- und Fernsehfilme ganz oder teilweise gedreht und hergestellt. Dies ist auch auf den international anerkannt hohen Standard der Münchner ›Filmfabrik‹ Geiselgasteig zurückzuführen. Jungfilmer kommen von der Hochschule für Film und Fernsehen.

Mit rund 1500 Verlagen ist München nach New York die größte Buchstadt der Welt. Nur Berlin bringt in Deutschland mehr Tageszeitungen auf den Markt.

Was wäre München ohne seine Biergärten? Auch auf dem Viktualienmarkt präsentiert es sich als Deutschlands Bier-Hauptstadt.

Neben den Landesstudios von ARD und ZDF haben die meisten überregionalen privaten Fernsehsender wenn nicht ein Landesstudio, dann gar ihren Sitz in München.

Nimmt man die Medienbranche zusammen – zu der die Industrie- und Handelskammer auch die Unternehmen der Werbebranche zählt – so beschäftigt sie 72 000 feste und 28 000 freie Mitarbeiter in 6700 Unternehmen mit einem Jahresumsatz von zusammen 25 Milliarden Mark.

Stachus, auch Treffpunkt der Jugend. Das dreibogige Karlstor, Teil der mittelalterlichen Stadtbefestigung, gilt als Entree in die verkehrsberuhigte Altstadt.

Die Extreme einer Millionenstadt

Der Stachus: Autos, Busse, S- und U-Bahnen sowie Straßenbahnen in rastlosem Reigen, Rolltreppen spucken Menschen ins Freie. Hinter dem Karlstor dann Musik statt Verkehrslärm. Auf dem Weg zum Marienplatz geigt in der Fußgängerzone ein junger Mann wie weiland Paganini, spielt eine Band, treten Jongleure auf, sind Pflastermaler am Werk: Hier zeigt sich München weltstädtisch – und dann wieder liebenswert-provinziell auf dem Viktualienmarkt.

△ Shopping in der Arcade-Passage an der Kaufinger Straße

Skulpturen in der Fassade von St. Michael ▽

△ Wolpertinger im Jagdmuseum: Jux oder Realität?

△ Straßenmusikanten aus aller Welt beleben das Stadtbild

Erst Versammlungsraum, später Kirche: der barocke Bürgersaal ▽

Etwa 1726 soll ein gewisser Eustachius Föderl vor den Stadtmauern eine idyllische Gartenwirtschaft betrieben haben. Und da half es nichts, daß der Platz vor dem Tor Karlsplatz genannt wurde – im Volksmund blieb er der ›Stachus‹.

In Vorbereitung auf die Olympischen Spiele 1972 grub man hier – drei Minuten Fußweg vom Bahnhof entfernt – vier Stockwerke in die Tiefe und installierte S- und U-Bahn-Gleise, Bahnsteige, Parkgarage und ein Einkaufszentrum. Überirdisch schiebt sich Autoverkehr, bimmelt die Tram. Inmitten des Trubels: der Springbrunnen. Der Wind verweht die Gischt. Hier ist ein Treffpunkt der Jugend. Mädchen lassen die Beine im Wasser baumeln. So manches Modefoto wurde hier schon geschossen. Ein Halbkreis aus Geschäftshäusern wirkt wie ein Trichter, leitet den nicht abreißenden Strom der Menschen auf das dreibogige Karlstor zu. 1861 wurde der Turm zerstört. Sie ist trotzdem noch prächtig, die Pforte zur Altstadt.

Kirchen in der Fußgängerzone

Wer gerade Zeit hat, sitzt in der Sonne, trinkt Kaffee oder Bier und ›läßt den lieben Gott einen guten Mann sein‹, wie die Münchner sagen. Entspannt geht es in der Fußgängerzone zu, die sich über Neuhauser und Kaufinger Straße weiter in die Altstadt erstreckt. Wenn man – am ›Brunnenbuberl‹ vorbei – vom Stachus zum Marienplatz bummelt, taucht zuerst links die Bürgersaalkirche auf, die im Untergeschoß eine Pilgerstätte birgt: das Grab des im Dritten Reich verfolgten Jesuitenpaters Rupert Mayer, der 1987 anläßlich des Besuchs von Papst Johannes Paul II. seliggesprochen wurde.

Wenige Meter weiter harrt eine der zauberhaftesten Ansichten auf Neuankömmlinge: Das Superweitwinkel des menschlichen Auges erblickt zugleich den monumentalen Bau des ehemaligen Jesuitenkollegs – heute ›Alte Akademie‹ genannt und Sitz des Statistischen Landesamtes – und die figurenreiche Fassade der auch innen sehenswerten Klosterkirche St. Michael. Im Hintergrund ragen die grünen Kuppeln des Liebfrauendoms in den weißblauen Himmel.

Der Marienplatz mit den beiden Rathäusern ist von alters her Stadtmittelpunkt

△ Das gotische Alte Rathaus als Kulisse der Mariensäule

Die Schäffler tanzen im Rathaus-Glockenspiel ▽

△ Kirmesfigur im Stadt-... ...und Teddys im Spielzeugmuseum ▽

Mittelpunkt Marienplatz

Der Marienplatz ist schon von alters her Mittelpunkt der Stadt. An zwei Ereignisse, die sich in früheren Jahrhunderten hier zugetragen haben, erinnert das Glockenspiel im Turm des Neuen Rathauses. Da ist zunächst das farbenprächtige Ritterturnier, das einst stattfand aus Anlaß der Hochzeit von Herzog Wilhelm V. mit Renata von Lothringen (1568). Der ›Schäfflertanz‹ wurde erstmals 1463 erwähnt. Nachdem die Stadt eine Pestepidemie überstanden hatte (1517), wird er alle sieben Jahre aufgeführt. In den langen Jahren dazwischen tanzen immerhin die Figuren im Glockenspiel.

Auch der Nachtwächter zieht nur noch am Rathausturm seine Runden. An Sommerabenden kann man ihn sehen, wie er mit geblähten Backen ins Horn bläst und das ›Münchner Kindl‹ zu Bett bringt. Das Kindl ist sozusagen dem Stadtwappen entstiegen, das einen Mönch in goldverbrämter Kutte zeigt. Benediktiner vom Tegernsee ließen sich einst am Isarufer nieder, und das ›Dorf mit den Mönchen‹ nannte man damals ›Munichen‹.

Die namengebende Mariensäule droht manchmal im Trubel des Marienplatzes übersehen zu werden. Die vier Engelsfiguren am Sockel stehen für Pest, Krieg, Hunger und Ketzerei – Plagen, die Maria überwinden hilft. Ursprünglich für den Hochaltar der Frauenkirche geschaffen, erfüllt die Säule das Gelübde Kurfürst Maximilians I., der dankbar war, daß die Stadt im Dreißigjährigen Krieg von Schwedens König Gustav Adolf verschont blieb.

Wahrzeichen Frauenkirche

Die älteste Pfarrkirche der Stadt ist St. Peter. Das rasche Anwachsen der Stadt machte aber schon 1271 eine Teilung des Kirchspiels notwendig. Bischof Konrad II. von Freising ordnete an: ›Da die Taufgemeinde der Kirche von St. Peter in München durch die Gnade Gottes sich so ins Unermeßliche vermehrt hat, daß sie ohne Gefahr für das Heil der Seelen von einem einzigen Hirten nur noch schwer gelenkt werden kann, soll die Marienkirche, die bisher bloß als Kapelle in München bestand, in Zukunft einen

△ *Wahrzeichen: der mächtige Backsteinbau der Frauenkirche*

Feinstes Rokoko: Wohnhaus und Kirche des Egid Quirin Asam ▽

△ *Frauenkirche: Hochgrab Kaiser Ludwigs des Bayern*

Das Sendlinger Tor gehört zu den drei erhaltenen Stadttoren ▽

Überaus prächtig statteten die Brüder Asam ›ihre‹ Kirche St. Johann Nepomuk aus, hier ein Blick in den Chor

rechtmäßigen, dauernden Pfarrherrn haben.‹

Anstelle der spätromanischen Marien-Kapelle (1230) wurde 1468 der Grundstein zum Bau der Frauenkirche gelegt, heute die Metropolitankirche der südbayerischen Kirchenprovinzen und das fromme Herz sowie Wahrzeichen der Stadt. Mit ihren Zwillingstürmen überragt sie das Häusergewirr.

Hohe, breite Fenster lassen den Dom hell und licht wirken. Wer durch das Westportal eintritt, sieht allerdings nur das Fenster an der östlichen Stirnwand – und auch das soll früher durch den Hochaltar verdeckt worden sein. Der Teufel soll daraufhin gedacht haben, die Fenster seien vergessen worden. Vor Freude darüber hat er kräftig auf gestampft, und bis heute wird den Besuchern gern erzählt, der Fußabdruck im Pflaster des Eingangsraumes sei der ›Teufelstritt‹.

Kino am Sendlinger Tor

Das Dorf Sendling war 1705 Schauplatz der ›Sendlinger Mordweihnacht‹. 1031 aufständische Bauern ließen seinerzeit ihr Leben. ›Besser bayerisch sterb'n, als kaiserlich verderb'n‹ – so lautete damals die verzweifelte Devise. Der Hintergrund: der Spanische Erbfolgekrieg hatte zu Hungersnot und daraus resultierenden Aufständen in Bayern geführt.

Das Dorf Sendling ist schon lange in München aufgegangen. Vom heutigen Stadtteil durch das Sendlinger Tor geht es direkt ins Zentrum. Durch das Portal fällt der Blick auf mittelalterliche Häuser und postmoderne Fassaden mit Boutiquen und Ladenzentren wie dem ›Asam-Hof‹. Traditionell handgemalt sind die Reklametafeln des ältesten Münchner Kinos: 1913 schon wurden die ›Sendlinger-Tor-Lichtspiele‹ eröffnet. Sogar die königliche Familie war dabei, als die Bilder laufen lernten ...

Begabte Brüder: die Asams

In der Sendlinger Straße haben Cosmas Damian (1686–1739) und Egid Quirin (1692–1750) Asam bemerkenswerte Zeugnisse ihrer Arbeit hinterlassen: In Nr. 61 richtete sich Egid Quirin sein Wohnhaus ein – noch heute besticht der

△ St.-Jakobs-Platz

Li(e)sl-Karlstadt-Brunnen auf dem Viktualienmarkt ▽

△ Nur für Einheimische: der Stammtisch im Viktualienmarkt- Biergarten

△ Maibaum und Heiliggeist-Turm überragen den Viktualienmarkt

Würziger Knoblauch gehört heute zur bayerischen Küche ▽

schmückende Stuck an der Fassade – und direkt daneben die Asam-Kirche. Sie war seine private Stiftung. Bei der Ausführung hat der Bruder tatkräftig geholfen. Vor allem die herrlichen Fresken sind ein Werk von Cosmas Damian.
Egid Quirin ließ ›seine‹ Kirche dem hl. Johann Nepomuk weihen. Er soll im Donaudurchbruch von einem Unwetter überrascht worden sein, als er mit einem schwerbeladenen Schiff zum Kloster Weltenburg fuhr, wo er arbeitete. In der Not gelobte er, dem hl. Johann Nepomuk eine Kirche zu bauen, wenn er gerettet würde. Die aufgetürmten Felsen zu beiden Seiten des Portals scheinen die Gefahr anzudeuten, der er entronnen ist. Doch ob die Geschichte stimmt, bleibt ungewiß.

Auf dem Viktualienmarkt

Die Münchner nennen den Turm der Peterskirche, dem zweiten Wahrzeichen der Stadt, ›Alter Peter‹. Es lohnt sich, die 302 Stufen bis zur Aussichtsgalerie im 96 Meter hohen Turm hinaufzuklettern. Der Blick wandert weit über die Dächer bis nach Schwabing und zum Englischen Garten. Bei Föhn sind am Horizont klar die Alpen zu erkennen.
Und die Farbkleckse direkt zu Füßen des Turms lassen sich als Tomaten, Kohlrabi, Gurken, Blaukraut und Berge von schneeweißen Rettichen ausmachen. Viel ›junges Gemüse‹ auch unter den Sonnenschirmen auf dem Viktualienmarkt und im dazugehörigen Biergarten. Die bronzenen Brunnenfiguren der beliebtesten Münchner Volkssänger Lisl Karlstadt, Weiß Ferdl und Karl Valentin stehen wie Marktpublikum zwischen Dutzenden hölzerner Buden mit exquisiten Viktualien – also Lebensmitteln – aus aller Welt.
Da schwelgt das Auge, da frohlockt die Nase bei den Körben voller Köstlichkeiten. Auch im Winter türmen sich hier die feinen in- und ausländischen Delikatessen. Und das Wasser läuft im Mund zusammen, weil es auch noch nach frischem Brot und Bratwürsten duftet. Seit 1807 gilt der Viktualienmarkt als ›grüne Börse‹ der Stadt: die Atmosphäre unter dem Maibaum ist so anregend, daß die höheren Preise als eine Art ›Vergnügungssteuer‹ akzeptiert werden.

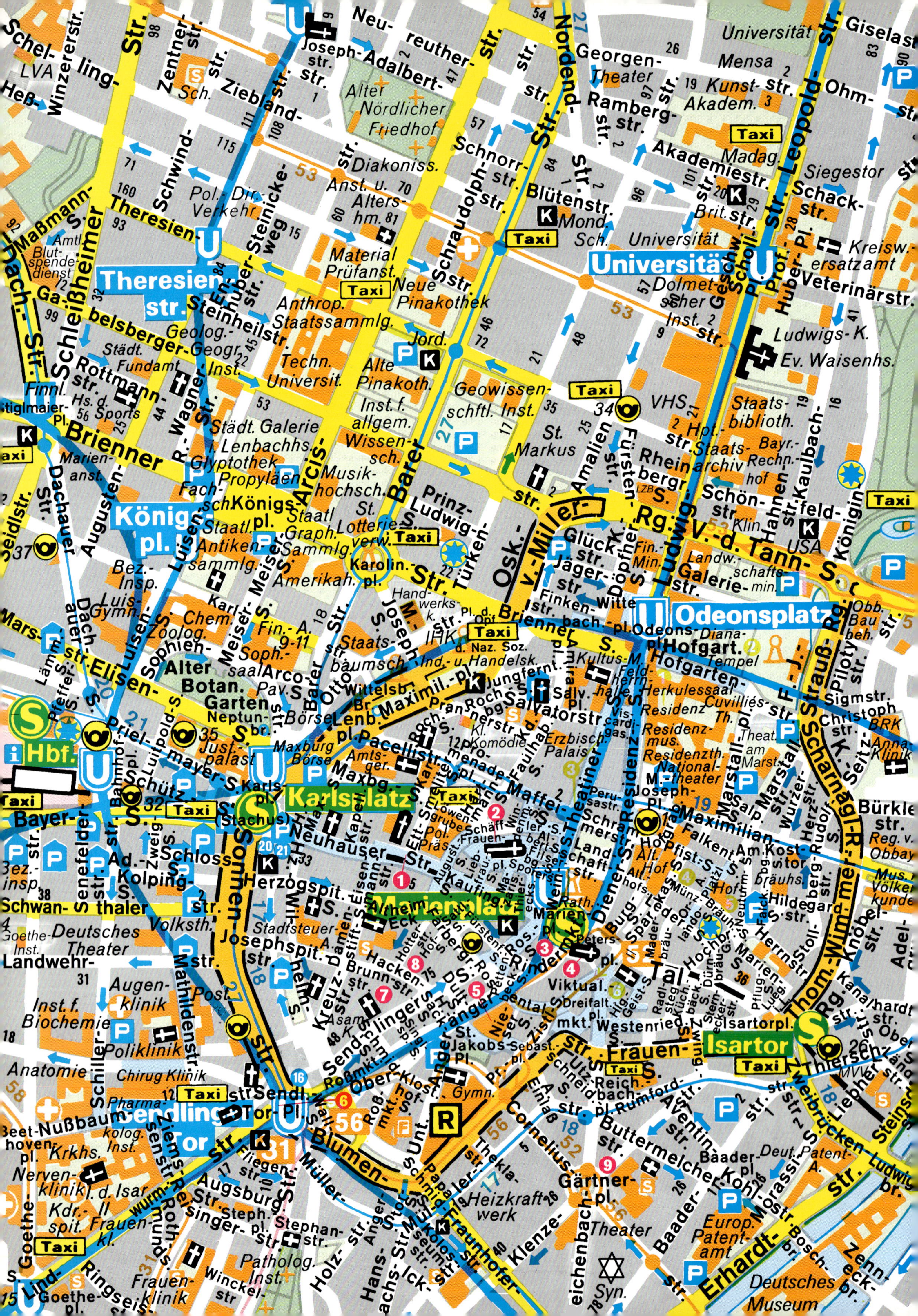

Universität
Mensa
Kunst-Akadem.
Akademiestr.
Georgen-Theater
Siegestor
Universität
Veterinärstr.
Ludwigs-K.
Ev. Waisenhs.
Staatsbibliot.
Staatsarchiv
Theresienstr.
Alter Nördlicher Friedhof
Diakoniss. Anst. u. Altershm.
Material Prüfanst.
Neue Pinakothek
Alte Pinakoth.
Techn. Universit.
Anthrop. Staatssammlg.
Geolog. Geogr. Inst.
Geowissenschftl. Inst.
St. Markus
VHS
Städt. Galerie i. Lenbachhs.
Glyptothek
Propyläen
Königsplatz
Königspl.
Staatl. Antikensammlg.
Staatl. Graph. Sammlg.
Amerikah.
Musikhochsch.
Lotterieverw.
Karolinenpl.
Brienner Str.
Prinz-Ludwig-Str.
Odeonsplatz
Hofgarten
Diana-Tempel
Feldherrnhalle
Residenz
Herkulessaal
Cuvilliés-Th.
Theat. am Marstall
National-Theater
Maximilianstr.
Residenzstr.
Theatinerstr.
Salvatorstr.
Maximilianspl.
Alter Botan. Garten
Neptun-br.
Justizpalast
Börse
Hbf.
Karlsplatz
Stachus
Neuhauser Str.
Kaufingerstr.
Marienplatz
Frauen-pl.
Peters-pl.
Viktualienmkt.
Tal
Isartor
Isartorpl.
Sonnenstr.
Sendlinger Tor
Sendlinger Str.
Herzogspitalstr.
Josephspitalstr.
Deutsches Theater
Schwanthalerstr.
Bayerstr.
Landwehrstr.
Augenklinik
Poliklinik
Chirug Klinik
Inst. f. Biochemie
Anatomie
Nußbaumstr.
Müllerstr.
Blumenstr.
Fraunhoferstr.
Frauenstr.
Westenriederstr.
Rumfordstr.
Gärtnerpl.
Theater
Heizkraftwerk
Corneliusstr.
Klenzestr.
Reichenbachstr.
Buttermelcherstr.
Baaderstr.
Erhardtstr.
Europ. Patentamt
Deutsches Museum
Zweibrückenstr.
Thomas-Wimmer-Ring
K.-Scharnagl-Ring
Franz-Josef-Strauß-Ring
Von-der-Tann-Str.
Ludwigstr.
Leopoldstr.
Schellingstr.
Gabelsbergerstr.
Arcisstr.
Barer Str.
Schleißheimer Str.
Dachauer Str.
Augustenstr.
Luisenstr.
Sophienstr.
Elisenstr.
Prielmayerstr.
Goethestr.
Lindwurmstr.
Taxi

Wo gibt es was?

Nadelnummer = Textnummer

Neuhauser/Kaufinger Str. ①

Das mittelalterliche *Karlstor* (um 1302) trennt den von Münchnern allgemein nur ›Stachus‹ genannten Karlsplatz von der Fußgängerzone Altstadt mit insgesamt 4,5 km autofreien Wegen. Ein Hauptstrang dieses 82000 qm großen Areals ist die Neuhauser und Kaufinger Straße, die zum Marienplatz führt. Hier findet man die großen Kaufhäuser, die zusätzlich zum üblichen Angebot auch Abteilungen für Trachtenmode und München-Souvenirs haben. Vor der Neuhauser Str. 20: das ›*Brunnenbuberl*‹ von Matthias Gasteiger (1895).

Die barocke *Bürgersaalkirche* (Nr. 48) entstand 1709/10 nach Plänen des Italieners Giovanni Antonio Viscardi. Eine hinreißende Schutzengel-Gruppe (1763) stammt von Ignaz Günther. Wallfahrtsplatz für Katholiken ist die Krypta, in der Pater Rupert Mayer bestattet wurde: Der seliggesprochene Jesuit (1876–1945) leistete den Nazis zähen Widerstand.

Die *Jesuitenkirche St. Michael* (Nr. 52) gilt als die größte Renaissance-Kirche nördlich der Alpen und wurde 1583/97 als Zentrum der Gegenreformation in Süddeutschland errichtet. Die Fürstengruft der Wittelsbacher ist geöffnet: mo–fr 10–13 und 14 bis 16.30 Uhr, sa 10–15 Uhr.

Das *Deutsche Jagd- und Fischereimuseum* (Nr. 53) füllt heute die Räume der profanisierten Augustiner-Kirche. Zu sehen ist, neben heimischem Haar- und Federwild, selbst der ›Wolpertinger‹ – ein bayerisches Fabelwesen. Eine Abteilung ist der Unterwasserwelt gewidmet (tgl. 9.30–17, mo und do 9.30–21 Uhr).

Frauenkirche ②

Der ›Dom zu Unserer Lieben Frau‹ stammt aus der Spätgotik (1468/88). Er ist mit 109 m Länge, 40 m Breite und 31 m Höhe eine der größten Hallenkirchen Süddeutschlands. Die Frauenkirche gilt mit ihren markanten Zwillingstürmen (98 und 99 m hoch) mit den kupfergedeckten ›welschen Hauben‹ von 1525 als Wahrzeichen der Stadt. Turmauffahrten in den Südturm: April–Okt. mo–sa 10–17 Uhr.

Ein großer Teil der früheren Innenausstattung ist im Diözesanmuseum Freising zu sehen. Die Medaillon-Schnitzereien an den fünf Portalen sind Arbeiten von Ignaz Günther (1772). Im Chor: das Hochgrab Kaiser Ludwigs des Bayern (von 1490). In der Krypta: Gräber einiger Erzbischöfe und Mitglieder des Hauses Wittelsbach.

Maßstab 1:10.000 — 0 100 200 300 400 500 m

Marienplatz ③

Eine Mariensäule für den Marktplatz wollte Kurfürst Maximilian I. stiften, wenn die Stadt im Dreißigjährigen Krieg von schwedischer Zerstörung verschont bliebe. Er erfüllte das Gelübde mit einer vergoldeten Bronzestatue (1637).

Beherrscht wird der alte Markt der Stadt, der seit 1854 Marienplatz heißt, heutzutage vom Neuen Rathaus an der Nordseite (1867/1909). Täglich 11 Uhr (Mai–Okt. auch 12 und 17 Uhr, um 21 Uhr wird das Münchner Kindl zu Bett gebracht) erklingt das viertgrößte Glockenspiel Europas mit Ritterturnier und Schäfflertanz. Bemerkenswerter Blick von der Aussichtsplattform (Mai–Okt. mo–fr 9–19, sa, so und fei 10–19 Uhr). Touristinformation am Marienplatz, Neues Rathaus (mo–fr 10–20, sa 10–16 Uhr).

Das Alte Rathaus (1470/80) schließt die Ostseite des Platzes ab. Nach Zerstörungen im Zweiten Weltkrieg wurden der Turm und Teile des Festsaals neu errichtet. Von den einst für diesen Raum von Bildschnitzer Erasmus Grasser 1480 geschaffenen 16 Moriskentänzern, stehen die zehn erhaltenen Originale heute im Stadtmuseum. Im Turm ist eine Sammlung von altem Spielzeug zu sehen (tgl. 10–17.30 Uhr). Der Fischbrunnen steht seit 1865 in der Nordostecke des Platzes.

St. Peter, Viktualienmarkt ④

Die Peterskirche entstand nach dem Stadtbrand von 1327 auf den Trümmern der romanischen Vorgängerkirche im gotischen Stil und wurde später barockisiert. Der Turm der Kirche – der ›Alte Peter‹ – erhielt 1621 seine typische Laternenhaube. Mittelpunkt der trotz Kriegsverlusten reichen Ausstattung ist der Hochaltar mit dem thronenden Petrus von Erasmus Grasser (1517) und den vier Holzfiguren von Egid Quirin Asam (1753). Das Geläut besteht aus acht Glocken, die samstags um 15 Uhr das Wochenende einläuten. Der 92 m hohe Turm kann bestiegen werden (mo–sa 9–19 Uhr, so und fei 10.15–18, im Sommer bis 19 Uhr, je nach Wetter).

Der Viktualienmarkt bietet an jedem Wochentag typisch Münchner Atmosphäre. Es gibt vor allem Obst und Gemüse in hervorragender Qualität. Die Preise sind hoch, aber die Ware immer frisch und zunehmend aus kontrolliert biologischem Anbau. Unter den ›Standlfrauen‹ ist so manches Original mit beeindruckendem (manchmal gefürchtetem) Mundwerk zu finden. Unter dem Ganzjahres-Maibaum des Vereins der Münchner Brauereien lädt ein Biergarten zur Brotzeit ein. Dazwischen: die sechs Brunnenstandbilder von Münchner Volksschauspielern, Sängern und Humoristen: Elise Aulinger, Lisl Karlstadt, Roider Jackl, ›Ratschkathl‹ Ida Schumacher, Karl Valentin und Weiß Ferdl.

Münchner Stadtmuseum ⑤

Das Museum liegt am St.-Jakobs-Platz 1. Es umfaßt das Zeughaus aus dem 15. Jh., das ebenfalls gotische Marstallgebäude und einen modernen Erweiterungsbau. Zu sehen sind u. a. die ›Moriskentänzer‹, das Münchner Stadtmodell von 1570 sowie eine umfangreiche Waffensammlung. Unterabteilungen bergen das Modemuseum, das Foto- und Filmmuseum, Musikinstrumenten- und Puppentheatermuseum, graphische Sammlungen und über 2000 Gemälde (di–so 10–18 Uhr). Außenstelle ist das nahe Ignaz-Günther-Haus (Oberanger 11), in dem der geniale Schnitzer (1725–1775) lebte und arbeitete (Besichtigung nach Vereinbarung).

Sendlinger Straße ⑥ – ⑧

Wie Karls- und Isartor gehört auch das *Sendlinger Tor* ⑥ zur Stadtbefestigung aus dem 14. Jh. Es wurde um 1310 an der Fernstraße nach Süden errichtet.

Ursprünglich 1563 als Pestfriedhof außerhalb der Stadtmauern eingerichtet, ist der *Alte Südliche Friedhof* (Thalkirchner Str. 17) heute ein weitläufiger Park. Der neuere Friedhofsteil ganz im Süden entstand nach einem Entwurf Friedrich von Gärtners (1845; siehe Karte S. 74).

Münchens schönste Rokoko-Kirche ist St. Johann Nepomuk an der Sendlinger Straße 62. Die Brüder Cosmas Damian und Egid Quirin Asam, hochrangige Maler und Stukkateure, errichteten neben Egids reich mit Stuck versehenem Wohnhaus (1733/34) mit eigenem Geld die großartig ausgestattete Asam-Kirche ⑦. Das Deckenfresko zeigt Szenen aus dem Leben des heiligen Johann Nepomuk.

In der Nähe: Ladenzentrum ›Asam-Hof‹ und das älteste Kino der Stadt, die Sendlinger-Tor-Lichtspiele.

Im Haus Hackenstraße 10 wohnte bis 1777 der Hofbildhauer Johann Baptist Straub. Ein Stuckrelief an der Fassade von Roman Boos zeigt sechs mit einer Kugel spielende Hunde. Sie gaben dem benachbarten ältesten Gasthaus Münchens den Namen. Die ›Hundskugel‹ besteht seit 1440. Unter Modezar Rudolph Moshammer wurde aus der Kneipe ein Restaurant.

Das Radspielerhaus ⑧, Hackenstraße 7, ist das typische Beispiel eines großbürgerlichen barocken Anwesens mit Arkaden- und Gartenhof (mit einem Brunnen von Roman Boos, 1780). Es ist benannt nach dem Vergolder Josef Radspieler, der das Haus 1848 kaufte. 20 Jahre zuvor wohnte Heinrich Heine hier.

Gärtnerplatz ⑨

1860/70 wurde die Isarvorstadt planmäßig mit (vorgeschriebener) einheitlich vierstöckiger Bebauung als Mietshausquartier erschlossen. Mittelpunkt ist der Gärtnerplatz mit dem ›Staatstheater am Gärtnerplatz‹ (1864/65). Es zeigt Opern- und Operettenproduktionen.

In der ersten Hälfte des 14. Jahrhunderts entstand das mächtige Isartor. Von den ursprünglich sieben Toren der Stadtbefestigung ist es das am besten erhaltene.

Mal fürstlich, mal volkstümlich

Unter Kaiser Ludwig dem Bayern löste die Neuveste den Alten Hof als Residenz ab, die spätere Generationen von Wittelsbachern zu einem prachtvollen Labyrinth von Festsälen, Prunkgemächern, Innenhöfen, Theatern und um den Hofgarten erweiterten. Ganz in der Nähe durfte sich das ›Hofbräuhaus‹ ansiedeln. Die heutige Bierseligkeit dort hätte Karl Valentin gewiß ätzend kommentiert.

△ König Max I. Joseph beherrscht ›seinen‹ Platz vor der Residenz

Der Alte Hof samt ›Affenturm‹ ▽

Aufführung der Auftragskomposition ›Schlachthof 5‹ im Nationaltheater ▽

△ Das klassizistische Nationaltheater ist Münchens Opernhaus, links davon liegt die Sprechbühne Residenztheater

△ Von der Residenz zum Landtag führt die elegante Maximilianstraße, ...

... in der auch ›Schumann's‹ Bar zu finden ist ▽

Die Stadtführerin dirigiert eine Gruppe von Gästen in die Straße Hofgraben und deutet auf einen gotischen Gebäudeflügel. Hier aus dem Erkerturm des Alten Hofs soll einst im Mittelalter ein Affe einen Wittelsbacher Prinzen verschleppt – und ihn später sachte in seine Wiege zurückgelegt haben. Naheliegend, daß der dreistöckige Erker den Namen ›Affenturm‹ erhielt. Der Münzhof gegenüber war einst Marstall und herzogliche Kunstkammer, erst später Münze.

Politisches Zentrum Bayerns

Nun sind es nur noch wenige Schritte bis zur Residenz, die für Jahrhunderte der politische und kulturelle Mittelpunkt des Landes war. Die Stadterweiterung unter Kaiser Ludwig dem Bayern ließ den Alten Hof strategisch ungünstig in die Stadtmitte rücken. So wurde die ›Neuveste‹ nordöstlich in den Schutz der neuen Stadtmauer gebaut. Und aufmüpfige Bürger hielt auf der Stadtseite ein Burggraben auf Distanz.

Was als wehrhafte Burg angelegt war, bauten nachfolgende Generationen zur heutigen Residenz aus. Das Antiquarium, einst parallel zum Burggraben (heute Brunnenhof) erbaut, war das erste Residenz-Gebäude außerhalb von Mauer und Graben. Heute wird es umschlossen von neueren Bautrakten.

Auf dem weitläufigen Max-Joseph-Platz, in den die feine Maximilianstraße mündet und der auf einer Seite begrenzt wird vom Königsbau, auf einer zweiten von National- und Residenztheater, sitzt sein Namensgeber Max I. Joseph als Denkmal wie weiland auf seinem Thron. Nachdem Napoleon Bayern 1806 zum Königreich gemacht hatte, war er Bayerns erster Herrscher mit diesem Titel.

Residenz-Schatzkammer

Die Krönungsinsignien, die er seinerzeit trug, sind – ebenso wie zahlreiche andere ›Hauß clainodes‹, also Kleinodien des Hauses Wittelsbach – in der Schatzkammer der Residenz ausgestellt. Zu den rund 1200 Prunkstücken dort gehören die Reiterstatuette des hl. Georg aus Edel-

△ Für die herzogliche Antikensammlung gebaut: das Antiquarium

Die Hofgartenfront der Residenz ▽

Beim Museumsrundgang zu sehen: Muschelbrunnen in der Residenz ▽

Boule, das sommerliche Vergnügen vor der Hofgarten-Galerie ▽

△ Schönster Residenzhof: der Brunnenhof

Zentrum des Renaissance-Hofgartens: der Dianatempel ▽

steinen, -metallen und Perlen von 1637 oder die Krone von Kaiserin Kunigunde von 1380.
Die Westfassade der Residenz schmückt die Schutzheilige des Landes Bayern, die ›Patrona Boiariae‹, von Hans Krumper von 1611 bis 1619 geschaffen. Blankgewetzt von unzähligen Fingern sind die Schnauzen der glücksbringenden bayerischen Löwen unten auf Fußgängerniveau. Flankiert wird das Werk von allegorischen Darstellungen der vier Kardinaltugenden über den Portalen: Weisheit, Gerechtigkeit, Tapferkeit und Mäßigkeit.

Wo heute regiert wird

Diese Tugenden wünscht man auch den heutigen Lenkern der Staatsgeschicke. Nördlich der Residenz schließt der Hofgarten an. Und wo sich früher die Herrscher von ihren Regierungsgeschäften erholten, wird heute Politik gemacht: An der Ostseite des Gartens entstand Anfang der 90er Jahre die Bayerische Staatskanzlei. Die Münchner wehrten sich nach Kräften, aber letztlich vergeblich, gegen den chromblitzenden Komplex des über 200 Meter langen ›Bayerischen Kreml‹. Kern des Baus ist der kuppelgekrönte Torso des im Jahre 1906 errichteten und im Zweiten Weltkrieg zerstörten Bayerischen Armeemuseums.
Nur der Hofgarten trennt also die Regierungszentrale des Freistaats mit dem Amtssitz des Ministerpräsidenten vom Palast der bayerischen Herrscher. Statt mehrspänniger Kutschen fahren heute Limousinen mit getönten Scheiben vor. Noch immer springen jedoch Bedienstete herbei und öffnen die Wagentüren, wenn Staatsbesuch ins Haus steht oder Minister zur Kabinettsrunde anrollen.

Mittagspause im Hofgarten

Wenn es die bayerischen Regenten ab Ende des 18. Jahrhunderts nach Abwechslung verlangte, so verließen sie an der Nordostecke das gepflegte Rechteck des Renaissance-Hofgartens – und schon waren sie in der relativen Naturbelassenheit des Englischen Gartens. Das klassizistische Hofgartentor markierte den Übergang vom einen in den anderen Park. Auch ein Fußgänger-

Begleitet von zwei Pagen: Reiterdenkmal Ludwigs I. am Odeonsplatz ▽

△ Feldherrnhalle: Südlicher Abschluß der Ludwigstraße und zur ›Ehre des bayerischen Heeres‹ errichtet, ...

... schräg gegenüber liegt die Theatinerkirche ▽

△ Der ›Bayerische Kreml‹: Staatskanzlei im Hofgarten

Beliebter Einkaufsboulevard Theatinerstraße ▽

tunnel unter der Prinzregentenstraße konnte jedoch nicht verhindern, daß diese Verbindung abriß. Aber eines hat sich hüben wie drüben erhalten: Was früher dem privilegierten Stand recht war, ist heute jedermann billig. An schönen Tagen wird so manche Mittagspause hier verbracht. Mit Spazierengehen, in der Sonne sitzen oder einem Boulespiel in den Hofgarten-Arkaden.

Auf dem Theatiner-Boulevard

Der amerikanische Schriftsteller Thomas Wolfe schrieb um 1920 über München: ›Diese Stadt ist in erstaunlichem Maße ein lebendig gewordener germanischer Traum.‹ Was sich dann im November 1923 – Hitlers gescheiterter Putsch – und im Nationalsozialismus vor der Feldherrnhalle abspielte, ist eher ein germanischer Alptraum zu nennen.
Und so wandert der Blick weiter zur ockergelben Kirche gegenüber, die St. Kajetan heißt. Aber alle Welt kennt das prächtig ausgestattete barocke Gotteshaus am Anfang der Theatinerstraße nur als ›Theatinerkirche‹. Gestiftet wurde sie vom damaligen Kurfürstenpaar Ferdinand Maria und Henriette Adelaide von Savoyen – aus Dankbarkeit über die langersehnte Geburt des Thronerben Max Emanuel (1662).
Seit die Theatinerstraße Fußgängerzone ist, wurde sie zum beliebten Einkaufsboulevard. Hier und in den Querstraßen trifft man sich zum Shopping und auf der Suche nach der neuesten Mode. Hier schlürft man sein Haferl Kaffee in den traditionsreichen Konditoreien und genießt das süße München.

Wo man Bier trinkt

›Item die Bierbräuer und andere sollen auch nichts zum Bier gebrauchen, dann allein Malz, Hopfen, Hefe und Wasser!‹ So heißt es in der Biersatzordnung von 1493. Herzog Wilhelm IV. führte das heute noch gültige ›Reinheitsgebot‹ 1516 auch in Oberbayern ein. Reines, gutes Bier hat in München einen besonderen Stellenwert. Man sagt, hier – aber nicht nur hier – zähle Bier zu den Grundnahrungsmitteln. Münchens berühmtestes Brauhaus steht am Platzl: das ›Hofbräuhaus‹. Herzog Wilhelm V. gründete es 1589

△ Weißwurst und Weißbier sind die Spezialitäten im ›Weißen Bräuhaus‹ in der Straße Tal

△ ›Oans, zwoa, g'suffa‹: das Hofbräuhaus am Platzl

Das ›Valentin-Musäum‹ zeigt kuriose Exponate im Isartorturm ▽

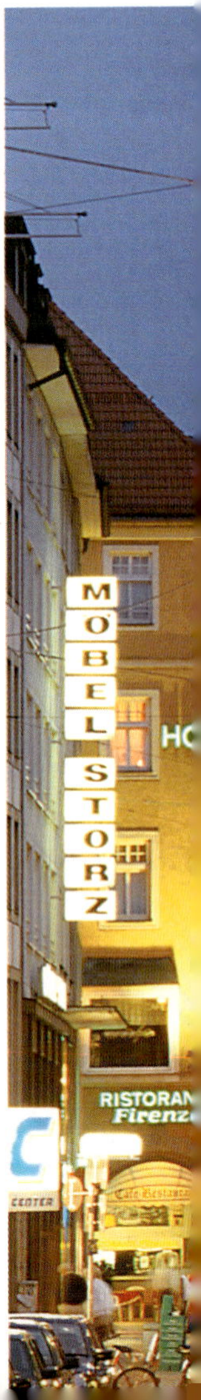

△ Abendliches Bummeln am Platzl

Die Straße Tal führt auf das mächtige Isartor zu ▽

›für die Versorgung von Hof und Gesinde‹.

Ein bißchen ist hier immer Oktoberfest, wenn die übliche Gästemischung von Japanern, Amerikanern und vereinzelt auch Einheimischen an den gescheuerten Holztischen zusammenhockt – wobei letztere häufig ihren persönlichen Deckel-Maßkrug vor sich haben, der in einem Gitterschrank aufbewahrt wird. 30 000 Liter Bier werden an guten Tagen von den resoluten Kellnerinnen herangeschleppt.

Wo heute in den Bierkellern die Zecher dichtgedrängt sitzen, wurde ursprünglich kein Tropfen gezapft: Die Keller dienten ausschließlich der Kühlung des Gerstensaftes. Erst 1805 bekamen die Brauer auch Schankerlaubnis. Sie mußten das Bier aber billiger hergeben als die Wirte, und für die Brotzeit hatten die Gäste selbst zu sorgen: So wurde der Biergarten geboren.

Für die sommerliche Biergarten-Saison wurden wegen der Kühlprobleme früherer Zeiten vornehmlich leichte, obergärige Biere für den schnellen Konsum produziert. Heute ist dieses Weißbier zum erfrischenden Modebier geworden. Seitdem erlebt auch das ›Weiße Bräuhaus‹ im Tal eine Renaissance. Sein ›Weizen‹ trank man ursprünglich zu den Weißwürsten am Vormittag, heute aber auch in der Oper und beim festlichen Empfang.

›Musäum‹ für Querdenker

Die Straße Tal führt auf das Isartor zu, das am besten erhaltene Stadttor des zweiten Befestigungsrings. In einem der mächtigen Achtecktürme aus dem 15. Jahrhundert wird der Erfinder des pelzumwickelten ›Winterzahnstochers‹ gewürdigt: Valentin Ludwig Fey (1882 bis 1948), der sich Karl Valentin nannte und eines der großen Münchner Originale war. Der spindeldürre, bohnenstangenlange ›Vorstadthypochonder‹ hat hier im Turm des Isartores sein ›Musäum‹. Valentin war der personifizierte Querdenker mit unvergleichlichem Sprachwitz und bohrender Sprachlogik. Auch seiner Partnerin aus zahlreichen skurrilen Geschichten, Theaterstücken und Filmen, Lisl Karlstadt (1892–1960), wird in dem Museum gedacht.

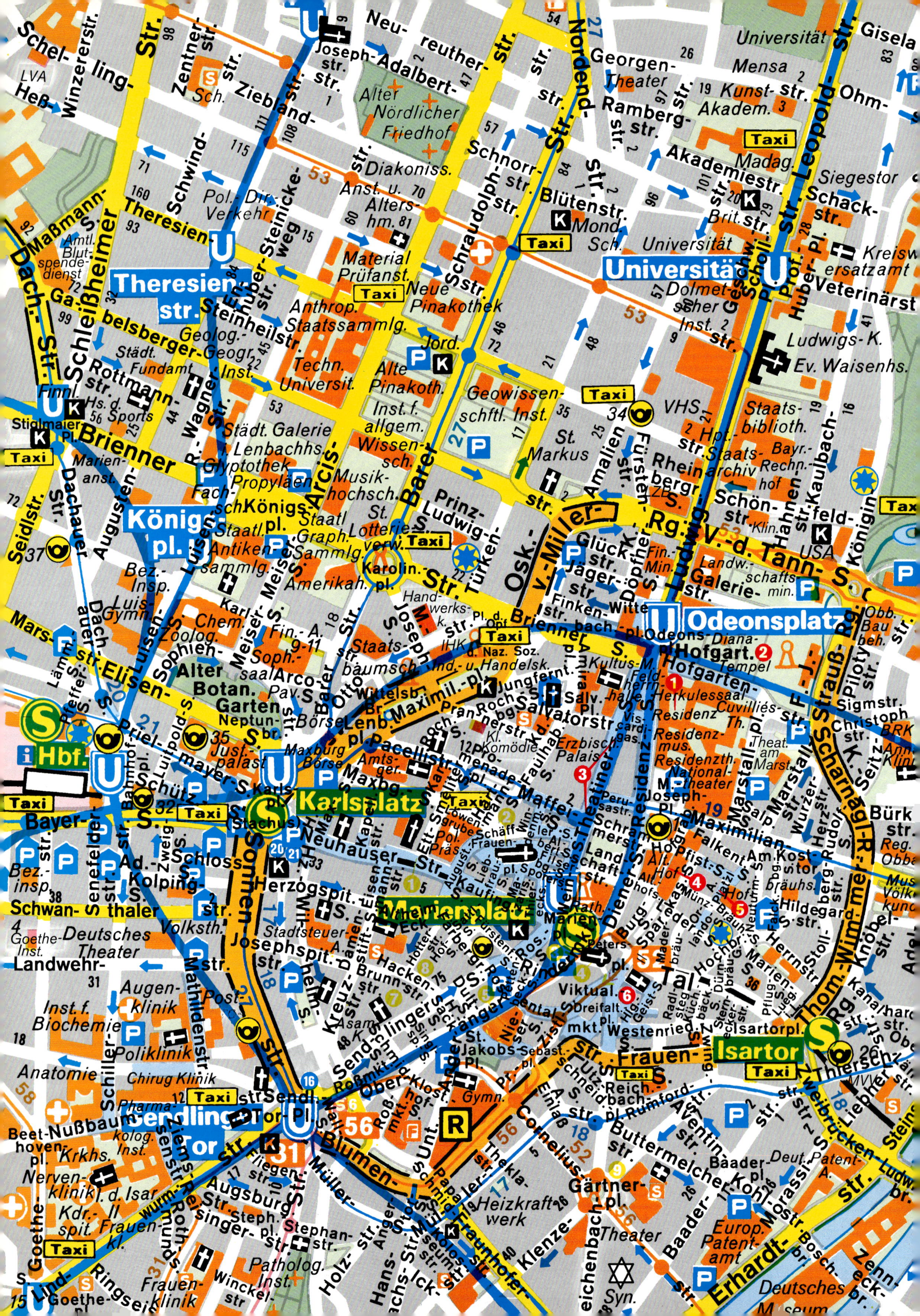

Universität
Mensa
Kunst-Akadem.
Ohm-str.
Georgen-str.
Theater
Ramberg-str.
Akademiestr.
Siegestor
Schack-str.
Kreiswehrersatzamt
Veterinärstr.
Ludwigs-K.
Ev. Waisenhs.
Staats-biblioth.
Universität
Leopold-str.
Neureuther-str.
Joseph-Adalbert-str.
Alter Nördlicher Friedhof
Schelling-str.
Zentner-str.
Zieblandstr.
Diakoniss. Anst. u. Alters-hm.
Schnorr-str.
Blütenstr.
Schraudolph-str.
Material Prüfanst.
Neue Pinakothek
Theresien-str.
Theresienstr.
Pol.-Dir. Verkehr
Steinicke-weg
Steinheilstr.
Anthrop. Staatssammlg.
Techn. Universit.
Alte Pinakoth.
Geowissen-schftl. Inst.
Inst. f. allgem. Wissen-sch.
Musik-hochsch.
Gabelsberger-str.
Schleißheimer Str.
Dachauer Str.
Maßmann-str.
Rottmann-str.
Stiglmaierpl.
Brienner Str.
Städt. Galerie Lenbachhs.
Glyptothek
Propyläen
Königspl.
Königs-pl.
Staatl. Antiken-sammlg.
Staatl. Graph. Sammlg.
Amerikah.
Karolinenpl.
Prinz-Ludwig-Str.
Barer Str.
Arcisstr.
Türkenstr.
Amalienstr.
Fürstenstr.
St. Markus
VHS
Schönfeldstr.
Von-der-Tann-Str.
Galeriestr.
Odeonsplatz
Hofgarten
Diana-Tempel
Residenz
Herkulessaal
Cuvilliés-Th.
Franz-Josef-Strauß-Ring
Maximilianstr.
Nationaltheater
Marstall
Alter Botan. Garten
Elisenstr.
Sophienstr.
Luisenstr.
Augustenstr.
Karlstr.
Seidlstr.
Marsstr.
Hbf.
Bayerstr.
Karlsplatz
Stachus
Neuhauser Str.
Kaufingerstr.
Marienplatz
Sonnenstr.
Lenbachpl.
Maximilianspl.
Pacellistr.
Maxburg
Salvatorstr.
Theatinerstr.
Residenzstr.
Dienerstr.
Herzogspit.
Josephspit.
Hackenstr.
Sendlinger Str.
Sendlinger-Tor-Pl.
Sendlinger Tor
Blumenstr.
Viktual. mkt.
Westenriederstr.
Frauenstr.
Isartor
Isartorpl.
Tal
Thierschstr.
Zweibrückenstr.
Erhardtstr.
Deutsches Museum
Gärtnerpl.
Theater
Reichenbachstr.
Corneliusstr.
Klenzestr.
Müllerstr.
Fraunhoferstr.
Heizkraftwerk
Buttermelcherstr.
Rumfordstr.
Europ. Patentamt
Deutsches Patent-A.
Frauenklinik
Patholog. Inst.
Poliklinik
Chirug Klinik
Augenklinik
Inst. f. Biochemie
Anatomie
Nußbaumstr.
Goethestr.
Lindwurmstr.
Landwehrstr.
Schwanthalerstr.
Deutsches Theater
Schillerstr.
Mathildenstr.
Ringseisstr.
Kolpingstr.
Knöbelstr.
Thomas-Wimmer-Ring
Taxi

Wo gibt es was?

Nadelnummer = Textnummer

Residenz ①

Vom späten Mittelalter bis 1918 wurde an der Residenz gebaut. Die Gebäude mit ihren repräsentativen Fassaden umschließen sieben größere und kleinere Innenhöfe. Das Bronze-Denkmal von König Maximilian I. Joseph (1835) gab dem Max-Joseph-Platz den Namen. Hofbaumeister Leo von Klenze schuf unter König Ludwig I. (reg. 1825–1848) die letzten großen Erweiterungsbauten der Residenz: Königsbau mit Schatzkammer, den Privaträumen Ludwigs I., Schlachtensälen und Porzellankammer (1826/35); Festsaalbau mit Herkules- und Kaisersaal (1835/42) und Allerheiligen-Hofkirche (1826/37).
Es gibt zwei unterschiedliche **Rundgänge** durch das Residenzmuseum (Eingang Max-Joseph-Platz 3): tgl. 9–18, do bis 20 Uhr (Ahnengalerie, Antiquarium, Schwarzer Saal, Schlachtensäle, Europäisches Porzellan des 18. Jh., Ostasienporzellan, Kurfürsten-, Charlotten- und Trierzimmer, Reiche Zimmer, Grüne Galerie, Päpstliche Zimmer, Nibelungensäle); (Ahnengalerie, Porzellan des 18. Jh., Hofkapelle, Paramentenkammern, Reliquienkammer, Reiche Kapelle, Reiche Zimmer, Grüne Galerie, Päpstliche Zimmer, Silberkammer, Steinzimmer, Kaiser- und Vierschimmelsaal, Königszimmer, Nibelungensäle).
Gesonderte **Sammlungen** sind: die ›Schatzkammer der Residenz‹ u. a. mit den bayerischen Krönungsinsignien (Eingang Max-Joseph-Platz 3, tgl. 9–18, do bis 20 Uhr); die ›Staatliche Sammlung Ägyptischer Kunst‹ (Eingang Hofgartenstr. 1, di–fr 9–16, di auch 19–21, sa, so, fei 10–17 Uhr) und die ›Staatliche Münzsammlung‹ (Eingang Residenzstr. 1, di, mi, fr, sa, so 10–17, do 10–18,45 Uhr).
Spiel- und Konzertstätten in der Residenz: Altes Residenz- oder ›Cuvilliés-Theater‹, Residenzstr. 1 (Schauspiel, Kammerkonzerte, Liederabende) gebaut 1751/55 von François Cuvilliés d. Ä., das Nationaltheater/Bayerische Staatsoper, Max-Joseph-Platz (1811/18 von Karl von Fischer), zeigt Oper und Ballett, Besichtigung möglich tgl. 14 Uhr, Karten im Opernladen, Maximilianstr. 13 (mo–fr 10–18, sa 10–13 Uhr, Tel. 089/25540805, Fax 25540806; Residenztheater/Bayerisches Staatsschauspiel, Max-Joseph-Platz 1, klassisches Schauspiel, Lesungen; Konzerte: im Herkulessaal (symphonische Werke und Solistenkonzerte), Max-Joseph-Saal (Kammermusik) und Brunnenhof.

Hofgarten ②

Die *Bayerische Staatskanzlei* (1990/93 von Diethard Johannes Siegert) schließt den mit zahlreichen Veränderungen seit 1560 bestehenden Hofgarten nach Osten hin ab. Renaissance-Arkaden begrenzen ihn an zwei weiteren Seiten. In der Mitte der gepflegten Gartenanlage: der zwölfeckige offene Dianatempel von Heinrich Schön d. Ä. (1615).
Im *Deutschen Theatermuseum* in den Hofgartenarkaden (Galeriestr. 4 a) Archiv und Sammlung zur Weltgeschichte des Theaters, keine ständige Ausstellung (Bibliothek di, do 10–12 und 13.30–16 Uhr, Fotosammlung di 10–12, do 14 bis 16 Uhr). Der ›Münchner Spielplan‹ ist eine Service-Einrichtung des Museums. Ein Aushang informiert über die aktuellen Inszenierungen der Münchner Theater.

Theatinerstraße ③

Die *Theatinerkirche St. Kajetan* ist eine Basilika im Stile italienischen Hochbarocks, 1663/75 nach Plänen von Agostino Barelli gebaut. Kuppel und Türme von Enrico Zuccalli (1696). Fassadengestaltung durch Johann Baptist Straub (Stuckreliefs und Putten) und Roman Anton Boos (Figuren in den Skulpturennischen).
In der Fürstengruft sind Repräsentanten des Hauses Wittelsbach bestattet, unter anderem die Könige Max I. und Otto von Griechenland (mo–fr 10–13 und 14 bis 16.30 Uhr, sa 10–15 Uhr; so und Nov. bis März geschl.).
Die *Feldherrnhalle,* der Theatinerkirche schräg gegenüber, ist eine 20 m hohe offene Bogenhalle, die Friedrich von Gärtner 1841/44 nach dem Vorbild der ›Loggia dei Lanzi‹ in Florenz gebaut hat. In den Arkaden Bronzestatuen der bayerischen Feldherren Graf von Tilly und Fürst Karl Philipp Wrede (1843, Ludwig von Schwanthaler). Die Marmorlöwen schuf Wilhelm von Rümann (1906). Dieses Monument ›zu Ehren des bayerischen Heeres‹ bildet den südlichen Abschluß der Ludwigstraße, jener Prachtstraße, die König Ludwig I. für die Stadterweiterung nach Norden anlegen ließ. Die Theatinerstraße ist eine Fußgängerzone mit eleganten Geschäften und Cafés. In Nr. 8 ist die *Kunsthalle der Hypo-Kulturstiftung* eine Attraktion. Das Ausstellungsprogramm von hohem Niveau umfaßt ein breites Spektrum von Antike bis Avantgarde (tgl., auch fei, 10–20 Uhr, an jedem Montag, der nicht auf einen Feiertag fällt, halbieren sich alle Eintrittspreise).

Alter Hof ④

Die erste Residenz der Wittelsbacher in München wurde 1255 von Ludwig dem Strengen errichtet. Im Innenhof spätgotischer dreistöckiger Holzerker. Im Sommer finden hier Freiluft-Theater und -Konzerte statt. Neben dem nördlichen Hofeingang: Bronzestandbild Kaiser Ludwigs des Bayern (Hans Wimmer, 1964/67).
Am Hofgraben 4 steht der *Münzhof,* 1563/67 als Marstall und Kunstkammer erbaut. 1807/09 Umbau zur Königlichen Münze durch Andreas Gärtner, Fassadenreliefs von Franz Schwanthaler. Schöner Renaissance-Arkadenhof.
Im Treppenhaus: moderne Kunst-Installation aus dem Jahr 1996 mit Teilen der Gips-Gußmodelle von Christian Daniel Rauch für das Max-Joseph-Denkmal vor dem Königsbau der Residenz.

Am Platzl ⑤

Zur Versorgung des Hofes gründete Herzog Wilhelm V. 1589 das *Hofbräuhaus* (Nr. 9). 1828 entstand die Gastwirtschaft. 1890, nach Verlegung der Brauerei nach Haidhausen, wurde die Wirtschaft – wie der ganze Platz – im Stil der Neorenaissance umgebaut. In der ›Schwemme‹ im Erdgeschoß haben 1000 Gäste Platz, in weiteren Gaststuben noch einmal bis zu 2300. Im Hof ist ein Biergarten (geöffnet tgl. 9–24 Uhr, ab 11 mit Musik; ab 19 Uhr bayerisches Unterhaltungsprogramm).
Am Platzl (Haus Nr. 4/Orlandohaus) wohnte einst der niederländische Hofkomponist Orlando di Lasso (1532–1594), der von Herzog Albrecht V. 1556 nach München berufen wurde. Die Orlandostraße, die zum Platzl führt, erinnert daran.

Durchs Tal zum Isartor ⑥

An der gotischen *Heiliggeist-Kirche* ⑥, die mit St. Peter und dem Dom zu den ältesten Kirchen der Stadt zählt (1392 geweiht; barockisierter mittelalterlicher Innenraum), beginnt die Straße Im Tal.
Das Weisse Bräuhaus (Nr. 7) ist hier zu finden, und wuchtig schiebt sich mit dem Isartor (um 1330) das einzige Münchner Stadttor ins Blickfeld, dessen Tortürme noch erhalten sind. Ein Fresko von Bernhard Neher (1833) zeigt den Einzug des Wittelsbacher Kaisers Ludwig des Bayern nach dem Sieg bei Mühldorf (1322) über den Habsburger Konkurrenten Friedrich den Schönen.
Im Südturm das *›Valentin-Musäum‹*, das an den Schreiber von über 400 Sketchen und Dialogen und unzähligen Couplets erinnert: Karl Valentin (1882–1948). Er selbst richtete das Kuriositäten-Kabinett ein (mo–di, fr und sa 11.01–17.29, so 10.01–17.29 Uhr). Daran angeschlossen: das ›Turmstüberl‹, ein plüschig-romantisches Lokal mit einer Kaffeehauseinrichtung der Jahrhundertwende. Im Nordturm Wechselausstellungen (Öffnungszeiten wie Museum).
Westlich, in der Westenrieder Straße 41, das *ZAM–Zentrum für Außergewöhnliche Museen.* Auf 500 qm Fläche sind sieben Spezialsammlungen ausgestellt, beispielsweise das Museum der Düfte, Tretauto- oder Kaiserin-Sissi-Museum (tgl. 10–18 Uhr).
Östlich vom Isartor hübsche einheitlich gründerzeitliche Bebauung mit herausragenden Mietshaus-Ensembles in der Thierschstr. 25–29, Ländstr. 1, 3, 5 und 6 und Liebherrstr. 2–4, 8–10.

Maßstab 1:10.000
0 100 200 300 400 500 m

Die weißblaue Trambahn ist aus dem Stadtbild nicht wegzudenken. Die erste elektrisch betriebene Straßenbahn rollte 1886 durch München.

Mit der Tram zu Kunst und Kultur

Ein Klingeln, ein Surren, Anfahren mit leichtem Ruck: Mit dem ›dreiteiligen Niederflur-Gelenk-Straßenbahnwagen‹ der neuesten Generation fährt man bequem zu den bedeutenden Museen der Stadt. In antiken Tempeln und moderner Architektur wird unter anderem präsentiert, was die Sammellust der Wittelsbacher in Jahrhunderten zusammengetragen hat. Abwechslung von großer Kunst bieten die Antiquariate und Trödler in der Maxvorstadt und im Universitätsviertel.

△ Das Montgelas-Palais (rechts) ist Teil des Nobelhotels ›Bayerischer Hof‹

△ Karolinenplatz: Obelisk zu Ehren der bayerischen Soldaten

△ Am Wittelsbacher Platz

Brienner Straße: in der feinen Luitpoldpassage ▽

Die Galerie im Lenbachhaus präsentiert unter anderem die Maler der Gruppe ›Blauer Reiter‹ ▽

Mit über 200 weißblauen Wagen werden die 70 Kilometer Münchner Tramschienen befahren. Die Straßenbahn fährt auf Stadtrundfahrt und sogar zum Traualtar, denn für Sonderfahrten kann man jederzeit einen Wagen mieten.
Gerade schnurrt sie über den Promenadeplatz. Hier hält sie nicht, denn hier hilft der livrierte Hausdiener des Hotels ›Bayerischer Hof‹ Filmstars, Politikern und Managern aus dem Taxi. An diesem Platz ging es auch früher nicht ärmlich zu: Das langgestreckte Rechteck war einst Münchens Salzmarkt. Auf die Speicher und Wohnhäuser der Salzhändler folgten die prächtigen Adelspalais des 17. und 18. Jahrhunderts, die bis heute das elegante Viertel prägen.

Ein König träumt von Hellas

Säulen, Marmortreppen, antike Göttinnen und Krieger, die auf Tausende von Menschen auf Plastikklappstühlen herabschauen: Das ›Königsplatz-Open Air‹ ist zur sommerlichen Institution geworden. Klassische Musik, gerahmt von klassizistischer Architektur – König Ludwig I. sei Dank für diese Kulisse! Zeit seines Lebens träumte er davon, aus München ein ›Isar-Athen‹ zu machen. Immerhin durfte er den Triumph erleben, daß sein Sohn Otto zum König von Griechenland erhoben wurde.
Ludwigs Traum von Hellas wird nirgends augenfälliger als am Königsplatz. Die Glyptothek war das erste deutsche Museum für antike Plastiken. Architektonisches Gegenstück ist die Staatliche Antikensammlung mit Töpferkunst und Bronze-Skulpturen. ›Das Geschick der Götter und Griechen Hellas' schreitet hier im großartigen Stile vorüber‹, schrieb der Dichter Heinrich Laube (1806 bis 1884). Die Propyläen – der Toranlage auf der Akropolis nachempfunden – vervollständigten das klassizistische Ensemble.
Kontrast zum ›Olymp‹ des Königsplatzes bietet die ›Unterwelt‹ der gleichnamigen U-Bahn-Station. Der ›Kunstbau‹ mit seinen modernen Ausstellungen ist das Souterrain-Entree zur Städtischen Galerie im Lenbachhaus, so genannt nach Franz von Lenbach, der sich das Atelier-

△ Aus dem 19. Jahrhundert: Königsplatz mit Propyläen und Glyptothek (rechts)

Glyptothek: Marmor-Faun ▽

△ Schale der Antikensammlung: ›Dionysos kommt übers Meer‹

Kunst und Kosen im Skulpturengarten zwischen Alter und Neuer Pinakothek ▽

Museum als Klassenzimmer: Unterricht in der Alten Pinakothek ▽

und Wohngebäude Ende des 19. Jahrhunderts im florentinischen Stil errichten ließ.

Kunst in den Pinakotheken

Zwei weitere Museumsgründungen König Ludwigs I. liegen nur wenige Schritte nordöstlich in der Barer Straße. Die Alte Pinakothek, der größte Museumsbau seiner Zeit, machte dem König nicht nur Freude. Er klagte 1827, ein Jahr nach Baubeginn: ›Wenn man das Geld im Spiel verliert oder für Pferde ausgibt, meinen die Leute, es müsse so sein. Wenn man es aber für die Kunst verwendet, sprechen sie von Verschwendung.‹
Als die Gemäldegalerie nach zehnjähriger Bauzeit eröffnet wurde, lobte man sie als ein ›Meisterwerk der Proportionskunst‹, und sie diente Museumsbauten in Brüssel und Rom als Vorbild.
Das einstige Pendant, die Neue Pinakothek von 1846/53, hinterließ der Zweite Weltkrieg als Ruine. Seit 1981 gibt es einen Neubau. Gottlob waren die Bestände beider Häuser ausgelagert gewesen.

Für Bücher- und Kunstfreunde

Bücher und Bilder prägen das Gesicht der ›Maxvorstadt‹ westlich der Altstadt. Der Bummel von der Türken- zur Schellingstraße führt unweigerlich in eines der gut sortierten Antiquariate. Das Gebiet lebt von jugendlich-frechem Flair zwischen zauberhaften Fassaden aus Spätklassizismus und Neobarock. Die teilweise aufwendig restaurierten Bürgerhäuser sind von kleinen Gärten umgeben, Rosen ranken über schmiedeeiserne Tore, Alleen spenden Schatten.
Mitten im Gewirr der Einbahnstraßen die fast unwirkliche Stille des Alten Nördlichen Friedhofs. Wo seit über hundert Jahren niemand mehr beerdigt wird, lehnen heute Studenten an den historischen Grabsteinen und büffeln für die nächste Prüfung. Die Krawatte gelockert, sitzt der Börsenmakler auf einer Bank. Pensionäre treffen sich zum täglichen ›Ratsch‹, Kinder füttern die handzahmen Spatzen. Vergangenheit und Zukunft treffen sich auf romantische Weise unter alten Bäumen, zwischen rostenden Kreuzen.

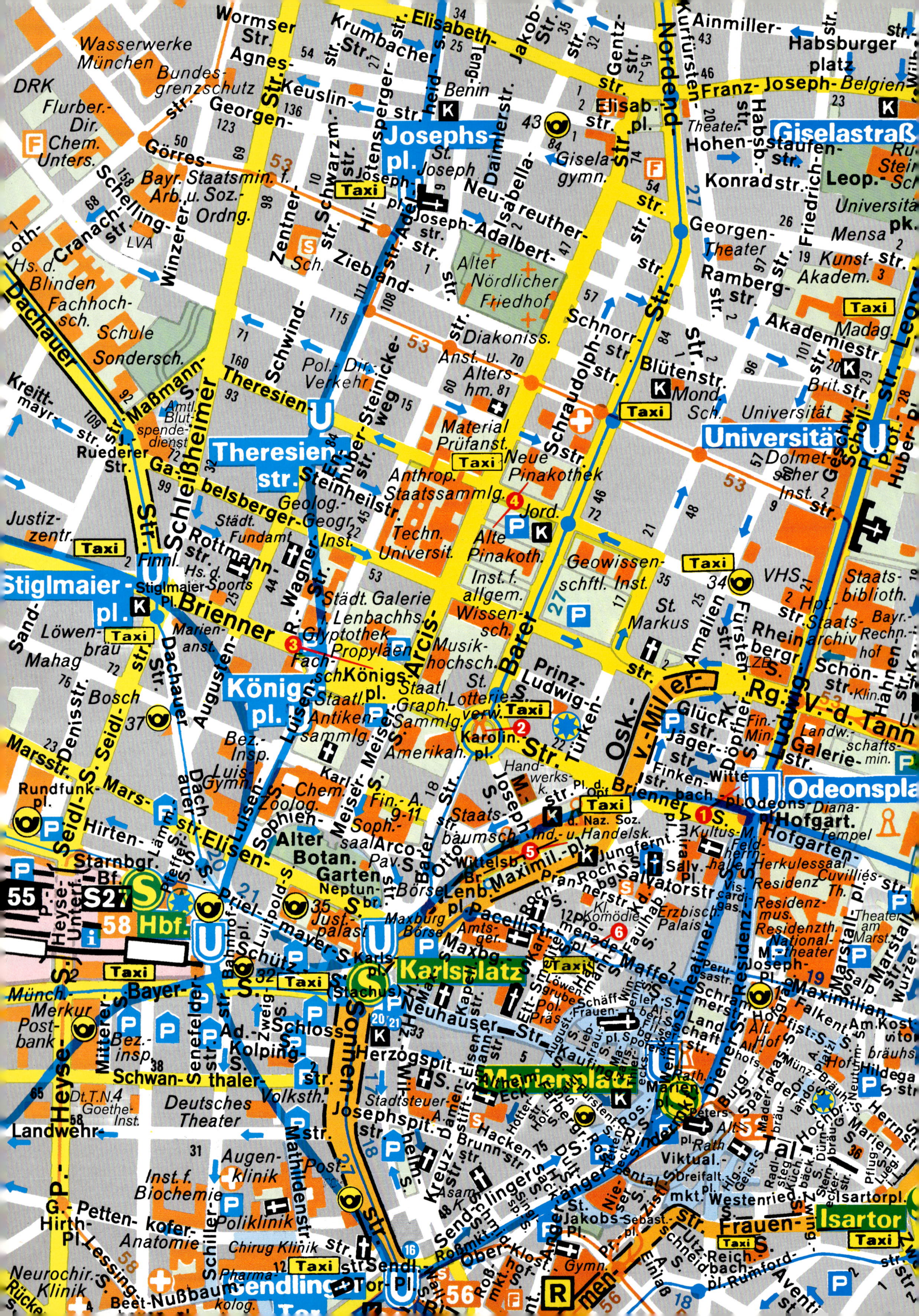

Wasserwerke München
Bundesgrenzschutz
DRK
Flurber.-Dir.
Chem. Unters.
Bayr. Staatsmin. f. Arb. u. Soz.-Ordng.
LVA
Blinden Fachhoch-sch.
Schule Sondersch.
Wormser Str.
Agnes-Str.
Keuslin-str.
Georgen-str.
Görres-str.
Schelling-str.
Cranach-str.
Winzerer-str.
Zentner-str.
Schwarzm.-str.
Krumbacher Str.
Elisabeth-str.
Josephs-pl.
St. Joseph
Taxi
Zieblandstr.
Adalbert-str.
Neureuther-str.
Isabella-str.
Daimlerstr.
Alter Nördlicher Friedhof
Diakoniss.-Anst. u. Alters-hm.
Schnorr-str.
Schraudolph-str.
Gisela-gymn.
Elisab.-pl.
Nordend-str.
Kurfürsten-str.
Ainmiller-str.
Habsburger platz
Franz-Joseph-str.
Belgien-str.
Hohenstaufen-str.
Giselastraße
Konradstr.
Leop.-str.
Universität
Georgen-str.
Theater
Ramberg-str.
Friedrich-str.
Mensa
Kunst-Akadem.
Akademiestr.
Madag.
Blütenstr.
Universität
Dolmetscher Inst.
Theresienstr.
Theresien-str.
Pol.-Dir.-Verkehr
Schwind-str.
Steinheilstr.
Maßmann-str.
Amtl. Blutspende-dienst
Kreittmayr-str.
Ruederer Str.
Schleißheimer Str.
Gabelsberger-str.
Material Prüfanst.
Neue Pinakothek
Anthrop. Staatssammlg.
Techn. Universit.
Alte Pinakoth.
Inst. f. allgem. Wissen-sch.
Geowissen-schftl. Inst.
Geolog.-Geogr. Inst.
Städt. Fundamt
Rottmann-str.
Justiz-zentr.
Stiglmaier-pl.
Brienner Str.
Löwenbräu
Mahag
Städt. Galerie Lenbachhs.
Glyptothek
Propyläen
Königspl.
Staatl. Antiken-sammlg.
Staatl. Graph. Sammlg.
Musik-hochsch.
Arcis-str.
Barer Str.
Karolinen-pl.
Amerikah.
Prinz-Ludwig-str.
Türken-str.
Oskar-v.-Miller-Rg.
Amalien-str.
St. Markus
VHS
Staats-biblioth.
Bayr. Staats-archiv
Rheinbergr-str.
Ludwig-str.
Schönfeld-str.
V.-d.-Tann-Str.
Galerie
Odeonspl.
Hofgart.
Diana-Tempel
Hofgarten-str.
Herkulessaal
Residenz
Residenz-mus.
Residenzth.
Cuvilliés-Th.
National-theater
Theater am Marstall
Marstallpl.
Maximilian-str.
Sand-str.
Denisstr.
Bosch
Marsstr.
Seidl-str.
Rundfunk-pl.
Mars-str.
Dachauer Str.
Augusten-str.
Luisen-str.
Sophien-str.
Hirten-str.
Elisen-str.
Alter Botan. Garten
Neptun-br.
Karl-str.
Chem. Zoolog.
Staats-saal
Arco-Pav.
Börse
Wittelsb.-pl.
Maximil.-pl.
Lenbach-pl.
Pacellistr.
Salvatorstr.
Jungfernt.
Komödie
Erzbisch. Palais
Maffei-str.
Theatiner-str.
Residenz-str.
Starnbg. Bf.
Hbf.
Karlsplatz (Stachus)
Schützen-str.
Bayer-str.
Münch. Merkur
Post-bank
Neuhauser Str.
Kaufinger Str.
Marienplatz
Rathaus
Schwanthaler-str.
Kolping-str.
Herzogspit.
Josephspit.
Sonnen-str.
Deutsches Theater
Landwehr-str.
Augen-klinik
Inst. f. Biochemie
Poliklinik
Chirurg Klinik
Anatomie
Pettenkofer-str.
Lessing-str.
Neurochir. Klinik
Beet-Nußbaum-str.
Sendlinger Tor-Pl.
Sendlinger Str.
Hacken-str.
Asam-kirche
Oberanger
St. Jakobs-Pl.
Viktual.-mkt.
Westenried-str.
Frauen-str.
Isartor
Isartorpl.
Tal
Reichenbach-str.
Rumford-str.
Goethe-Inst.
Heyse-str.
Mathildenstr.

Wo gibt es was?

Nadelnummer = Textnummer

Brienner Straße ① – ②

Die Brienner Straße war die erste große Straßenanlage außerhalb der Stadtmauern. Die Prachtstraße entstand ab 1811 beim Bau der Maxvorstadt nach Plänen von Friedrich Ludwig von Sckell etwa auf der Trasse des alten Fürstenweges zwischen Residenz und Nymphenburg. Die ursprünglich geschlossen klassizistische Bebauung ist heute nur teilweise erhalten bzw. restauriert.

Architektonisch geschlossen wirkt der *Wittelsbacher Platz* ① mit dem Palais Arco-Zinneberg (1820) an der Westseite und dem Alfons-Palais (1825) im Norden (ehemals Wohnhaus Leo von Klenzes). Platzmittelpunkt ist das Reiterdenkmal (1839) von Kurfurst Maximilian I. von Bertel Thorvaldsen und Johann Baptist Stiglmaier. Ein weiteres typisches Beispiel der ursprünglichen Bebauung ist das Almeida-Palais, Brienner Str. 14. 1999 war für den Luitpoldblock (*das* Einkaufsparadies in der Brienner Str.) ein besonderes Jahr: es gab ihn 185 Jahre, und das Cafe Luitpold existierte schon 111 Jahre darin.

Der *Karolinenplatz* ② ist strahlenförmig konzipiert. Vorbild für Baumeister Karl von Fischer war der Place de l'Etoile in Paris. Der Obelisk, verkleidet mit Bronzeplatten aus eingeschmolzenen Kanonen (Leo von Klenze, 1833), erinnert an die 30 000 beim Rußlandfeldzug 1812 gefallenen bayerischen Soldaten.

Königsplatz ③

Höhepunkt der Brienner Straße ist dieser Platz mit den drei ›Tempelbauten‹. Nach dem Vorbild der *Propyläen* auf der Athener Akropolis entstand 1846/62 das gewaltige Tor mit sechs dorischen Säulen und den angefügten Turmbauten.

Die *Staatliche Antikensammlung* (1838/48) zeigt hervorragende Beispiele griechischer, römischer und etruskischer Vasen, Kleinplastiken und Schmuckstücke (di–so 10–17, mi bis 20 Uhr). Acht ionische Säulen tragen den mächtigen Giebel der *Glyptothek* (1816/30). Hier sind griechische und römische Plastiken vom 6. Jh. v. Chr. bis zum 4. Jh. n. Chr. ausgestellt (di, mi, fr–so 10–17 und di und do 10–20 Uhr).

Ende Juni/Anfang Juli das Königsplatz-Open Air, ein klassisches Musik-Festival.

Gleich dem Königsplatz gegenüber (Luisenstraße 33) das im Stil der Florentiner Renaissance gebaute Lenbachhaus (1887 bis 1891), Privathaus des ›Malerfürsten‹ Franz von Lenbach (1836 bis 1904). Nach Erweiterungsbauten in den 1930er Jahren dient es seither als Städtische Galerie. Außer Werken von Carl Spitzweg, Franz von Stuck und natürlich Lenbach, werden Arbeiten der Künstlergemeinschaft ›Blauer Reiter‹, zu der die bekannten Maler Wassily Kandinsky, Franz Marc, Paul Klee, August Macke und Gabriele Münter gehörten, gezeigt.

Zum Lenbachhaus gehören die von der U-Bahn-Station Königsplatz aus erreichbare, unterirdische Galerie ›Kunstbau‹ für moderne Wechselausstellungen (di–so 10 bis 18 Uhr).

In den angrenzenden Straßen liegen verschiedene Theater: Münchner Ludwig Thoma Theater (Karlstraße 43, Stücke von Thoma, Boulevard-Theater, Kriminalkomödien); Münchner Volkstheater (Am Stiglmaierplatz, Eingang Brienner Str. 50, Theater, Kabarett, Lesungen); Münchner Theater für Kinder (Dachauer Str. 46).

Alte und Neue Pinakothek ④

Die Alte Pinakothek (Barer Str. 27, Eingang Theresienstr., di–so 10–17 Uhr) gilt als eine der wichtigsten Gemäldegalerien der Welt (Leo von Klenze, 1826/36). Nach starken Zerstörungen im Zweiten Weltkrieg bis 1963 wiederaufgebaut. Gezeigt werden Werke aus vier Jahrhunderten von Dürer und Tizian über Rubens, El Greco und Velasquez bis Poussin. Schwerpunkt der Sammlung sind Werke altdeutscher und altniederländischer Malerei des 15. und 16. Jh.

Die Neue Pinakothek (Barer Str. 29, Eingang Theresienstr.) geht ebenso wie die Alte auf die umfassende Sammlungstätigkeit König Ludwigs I. zurück; Originalgebäude vernichtet, Neubau 1981. Zu sehen sind vor allem Werke des 19. Jh., wie Hans von Marées, Manet, Cézanne, und des beginnenden 20. Jh., wie Liebermann, Slevogt und Corinth (tgl. außer di 10–17, do bis 22 Uhr). ›Skulpturengarten‹ auf der Grünfläche zwischen Alter und Neuer Pinakothek.

Eine Oase der Ruhe ist der *Alte Nördliche Friedhof* (Arcisstraße 45; 1866/69 von Arnold Zenetti) mit seinen über 100 Jahre alten Grabmälern. Sehenswert: das eigene Marmor-Grabmonument des Bildhauers Michael Wagmüller (gest. 1881) in Grabfeld 9: ›Todesengel mit Kind‹.

Gutsortierte Antiquariate zwischen Schelling- und Türkenstraße.

Maximiliansplatz ⑤

Das Maxtor (1805) führt auf den 1804 angelegten Platz. Den *Wittelsbacher Brunnen* schuf Adolf von Hildebrand zur Fertigstellung der neuen Münchner Quellwasserleitung aus dem Mangfalltal (1893/95). Sinnbildlich sind die wohltätige und zerstörerische Kraft des Wassers dargestellt.

Beim Maximiliansplatz 8 steht der *Nornenbrunnen* (1907, Hubert Netzer).

Am Ostende des Platzes: Denkmal für Friedrich von Schiller (1863, Max Widnmann). Die Denkmale für den Chemiker Justus von Liebig und den Hygieniker Max von Pettenkofer flankieren die den Park durchschneidende Max-Joseph-Straße.

Das *Künstlerhaus* (Lenbachplatz 8) mit Saal und Theater entstand 1892/1900 als Vereinshaus der Münchner Künstlergenossenschaft. Der Festsaal, unter Mitwirkung Franz von Lenbachs ausgestaltet, wurde nach Zerstörung im Zweiten Weltkrieg vereinfacht rekonstruiert.

Gegenüber steht die *Bayerische Börse*, Lenbachplatz 2 a, ein Palastbau des späten 19. Jh. (Besuchern zugänglich an Börsentagen 11.30–13.30 Uhr).

In Nr. 6: das Bernheimer-Haus (1889, Friedrich von Thiersch) hat einen Hof mit südländischen Laubengängen (1909).

Heute erinnert nur noch ein Turm an die einstige *Maxburg*, Pacellistraße 2, die Kurfürst Maximilian Philipp Anfang des 17. Jh. als Residenz nutzte.

Eine beliebte Grünanlage westlich ist der *Alte Botanische Garten* von Ludwig von Sckell (1808/14), Neugestaltung als Park 1935/37, bezogen auf den gegenüberliegenden Justizpalast und das Neue Justizgebäude (1890/97 sowie 1906/98, Friedrich von Thiersch). Eingangsportal zum Park an der Ecke Elisen-/Sophienstraße (mit Goethe-Inschrift) von Emanuel Joseph von Herigoyen (1811/12), *Neptunbrunnen* von Josef Wackerle (1937).

Promenadeplatz ⑥

In der langgestreckten Grünanlage vier Denkmäler: Christoph Willibald Gluck (1884), Orlando di Lasso (1849), Kurfürst Max Emanuel (1861) und Geschichtsschreiber Lorenz von Westenrieder (1854).

Die Nordseite nimmt das Hotel ›Bayerischer Hof‹ ein. Es schließt das frühere Montgelas-Palais (1811/13; von Herigoyen) ein. In der Passage: die ›Komödie im Bayerischen Hof‹ (Musical, Boulevard-Theater, musikalische Komödien).

Auf der Südseite (Nr. 15) das Wohnhaus (1730) des Hofbaumeisters Johann Baptist Gunetzrhainer. Die Hausmadonna ist eine Bronzekopie des Terrakotta-Originals, das im Bayerischen Nationalmuseum steht (Hubert Gerhard, 1595).

Das *Palais Portia* (Kardinal-Faulhaber-Str. 12) entstand 1693/94 nach Plänen Enrico Zuccallis. Später bewohnte es die Fürstin Portia, die es von ihrem Geliebten, dem Kurfürsten Karl Albrecht, bekam.

In Nr. 7, brachte der Kurfürst eine weitere Geliebte und Mutter seines Sohnes, Gräfin Holnstein, unter; heute *Erzbischöfliches Palais* (François Cuvilliés d. Ä., 1733/37).

Zwei weitere ehemalige Adelspalais in der Prannerstr. 2 (François Cuvilliés d. Ä., 1750/55) und 9 (Karl Albrecht von Lespilliez, 1760).

An der Pacellistraße 6 die sehenswerte *Dreifaltigkeitskirche* (1711/18, Giovanni Antonio Viscardi; das Kuppelfresko stammt von Cosmas Damian Asam, 1714).

Maßstab 1:10.000

0 100 200 300 400 500 m

Zwischen Siegestor und Münchener Freiheit: Kneipen, Straßencafés und Geschäfte im Wechsel an der Leopoldstraße, einer der großen Flaniermeilen der Stadt.

Durch Schwabing zum Olympischen Dorf

Schwabing, Münchens bekanntesten Stadtteil, haben Künstler und Bohemiens der Jahrhundertwende berühmt gemacht. Schwabing heute, das ist Shopping gehen und schlemmen, amüsieren und auffallen. Das Viertel mit seinen Jugendstilhäusern und spezifischem Charme, gerahmt vom Englischen Garten und Olympiapark, ist eines der bevorzugten Wohnviertel der Stadt. Den besten Blick über das frühere ›Isar-Montmartre‹ hat man seit 1972 vom Olympiaturm.

△ Ludwigstraße: kurz, aber prächtig

Konzentrierte Stille im Lesesaal der Staatsbibliothek ▽

△ Netter Studententreff: ›Café an der Uni‹

△ Ludwigskirche: ›Jüngstes Gericht‹ über dem Altar

Skulpturen griechischer Gelehrter vor der Staatsbibliothek ▽

Bayern wird am 1. Januar 1806 Königreich. Mit der neuen Stellung soll auch die Hauptstadt repräsentativer werden. Noch vor Berlin, Paris oder Wien erhält München ein neuzeitliches Gesicht. Prachtvolle Straßenzüge entstehen, einer Metropole würdig.

Hinter dem Siegestor ist die Ludwigstraße die neue, schnurgerade Verbindung nach Norden und führt zu dem Dorf Schwabing, das als Swapinga 782 erstmals erwähnt wird – früher als München.

Königlicher Bauplaner

Es bleibt nicht dem Zufall überlassen, welche Gebäude hier entstehen. Sie sollen der Hauptstadt eines Königreichs angemessen sein, und der König ist auch oberster Bauplaner. Als Architekten fungieren die berühmten Hofbaumeister Leo von Klenze und dessen Nachfolger Friedrich von Gärtner.

Nachdem Staatsarchiv und Staatsbibliothek gebaut sind, folgen die Universitätsgebäude am heutigen Geschwister-Scholl-Platz, damit die Ludwig-Maximilians-Universität von Landshut hierher umziehen kann. Und die Ludwigskirche wird als Universitätskirche gebaut.

›Boulevard‹ Leopold

Fortsetzung der prachtvollen Ludwigstraße ist jenseits des Siegestores die Leopoldstraße. Was der Ku'damm für Berlin, das ist sie für München, nämlich abendliches Flanierzentrum mit breiten Bürgersteigen, Restaurants und Cafés.

Über den quirligen ›Boulevard Leopold‹ marschiert seit 1995 auch der 20 Meter hohe ›Walking Man‹ des amerikanischen Künstlers Jonathan Borofsky. Vor dem Verwaltungsgebäude einer Versicherungsgesellschaft aufgestellt, sieht es so aus, als eile er auf das Siegestor zu. Ein Stück hochmoderner Kunst ...

Im Wohnviertel rechts und links von Ludwig- und Leopoldstraße siedelten sich in den letzten Jahrzehnten vor und um die Jahrhundertwende Schriftsteller, Musiker, Schauspieler und Maler an. ›Klein-Montmartre‹ an der Isar. Ihr Boheme-Leben entrüstete und faszinierte das bürgerliche München.

△ Englischer Garten: City-Surfen im Eisbach ...

... und das Säulenrund des Monopteros ▽

Nationalmuseum: Riemenschneiders hl. Magdalena im ›Haarkleid‹ ▽

△ Der Englische Garten, Münchens Freizeitparadies

Im Haus der Kunst sind moderne Kunstwerke ausgestellt ▽

Die Maler der Künstlervereinigung ›Blauer Reiter‹ und die Schreiber der Satirezeitschrift ›Simplicissimus‹ waren zu ihrer Zeit tonangebend – nicht nur für München. Es heißt, daß in der zweiten Hälfte des 19. Jahrhunderts die bayerische Metropole mehr Künstler in ihren Mauern wußte, als Düsseldorf und Wien zusammen aufwiesen.

Schwabinger Szeneleben

Auf seine Art ist Schwabing noch immer etwas Besonderes: lebendig, quirlig, mit vielen Adressen, wo ›was los ist‹. Aber Künstler können sich die inzwischen astronomischen Mieten des Viertels kaum mehr leisten. Nur die Jugendstilfassaden im Straßengeflecht erinnern an die Zeiten, als hier Wassily Kandinsky und Erich Kästner, Rainer Maria Rilke und Bert Brecht, Richard Strauss und Thomas Mann – der allzu gern über die Münchner Bohème spottete und dabei an seinem ›Untertan‹ arbeitete – wohnten, und sogar Lenin hier über sein ›Was tun?‹ nachdachte.

Schwabing heute, das sind Restaurants und Eisdielen, Boutiquen und Trödelläden, Theater und Kinos, Kellerbühnen und Kabaretts. Kabarett im München von heute, das ist eine über 40 Jahre alte Institution: die ›Münchner Lach- und Schießgesellschaft‹ unter der Regie von Dieter Hildebrandt.

Bekannt sind auch das ›Theater am Sozialamt‹ oder das ›Theater 44‹, das mittlerweile statt der ursprünglich 44 Sitzplätze im engen Keller an der Hohenzollernstraße mit 100 Plätzen aufwarten kann. Im Hinterhaus ist das Paradies der Motten: Mehr als 10000 Kostüme hängen dicht an dicht. Film- und Fernsehgesellschaften, aber auch Privatleute – vor allem im Fasching – sind Stammkunden in Deutschlands größtem Kostümverleih.

Biergarten-Chinesisch

Kurfürst Karl Theodor ist es zu danken, daß 1792 der erste Volkspark des Kontinents eröffnet werden konnte. Der Englische Garten, mit vier Quadratkilometern Fläche die größte innerstädtische Gartenanlage in Deutschland, wird unter anderem geprägt vom Kleinhesseloher See

Übersicht verschafft die Aussichtsplattform des Fernsehturms im Olympiapark

Ein Stahlnetz an 12 bis 81 Meter hohen Masten trägt das Zeltdach des Olympiastadions ▽

Die BMW-Verwaltung sitzt im ›Vierzylinder‹ ▽

△ ›Samma im Park‹: ein fröhliches Fest am Olympiasee

△ Ausverkauft: Beim Lokal-Derby ›Bayern‹ gegen ›Löwen‹ … … herrscht Volksfeststimmung im Olympiastadion ▽

und dem klassizistischen Rundtempel Monopteros, der einen schönen Stadtblick erlaubt: Er steht auf dem künstlichen Hügel, der durch den Aushub für den See entstand. Zwar trifft man im Sommer unterwegs auf die berühmten ›Nackerten‹ in den FKK-Refugien am Eisbach, doch auch auf das Japanische Teehaus, wo von Zeit zu Zeit von speziellen Teemeistern die berühmte Teezeremonie zelebriert wird.

Der Chinesische Turm, eine fünfgeschossige hölzerne Pagode, wurde nach dem Londoner Vorbild in Kew Gardens errichtet. Wer sich den Englischen Garten nicht zu Fuß erlaufen will, kann sich ab hier – gezogen von einer Pferdestärke – kutschieren lassen.

Im Biergarten zu Füßen des Chinesischen Turms treffen sich Touristen und Einheimische zu bodenständigen Genüssen wie Schweinshaxe, Riesenbrezen oder Wurstsalat – und natürlich einer Maß Bier, frisch vom Faß: typisches Freizeitvergnügen in der grünen Lunge der Stadt.

Sport unterm Zeltdach

Für die Olympischen Spiele 1972 hat München tief in die Tasche gegriffen; große Etatposten waren der Bau der U-Bahn und des Sportzentrums im Olympiapark. Heutzutage spielen im Olympiastadion abwechselnd die Fußballer des FC Bayern oder des TSV 1860 München um Bundesligapunkte. Besondere Höhepunkte sind die Lokal-Derbys. 63000 Menschen faßt das Stadion mit dem kühn geschwungenen Acrylglasdach, das an ein Zirkuszelt erinnert, bei normalen Fußballspielen oder bei anderen Sportveranstaltungen. Bei großen internationalen Rock- und Popkonzerten sind es aber weitaus mehr Menschen: bis zu 75000 Zuschauer finden dann im Stadion Platz.

Der Olympiapark hat sich zum riesigen Freizeitzentrum entwickelt. In der Olympiahalle finden Sechstagerennen, Tennisturniere oder Opernaufführungen statt. Dem Wintervergnügen dienen Schlittenbahnen und Eislaufflächen. Und es gibt viel Platz fürs Eisstockschießen, die bayerische Besonderheit, die inzwischen ihre Anhänger auch außerhalb der Landesgrenzen hat.

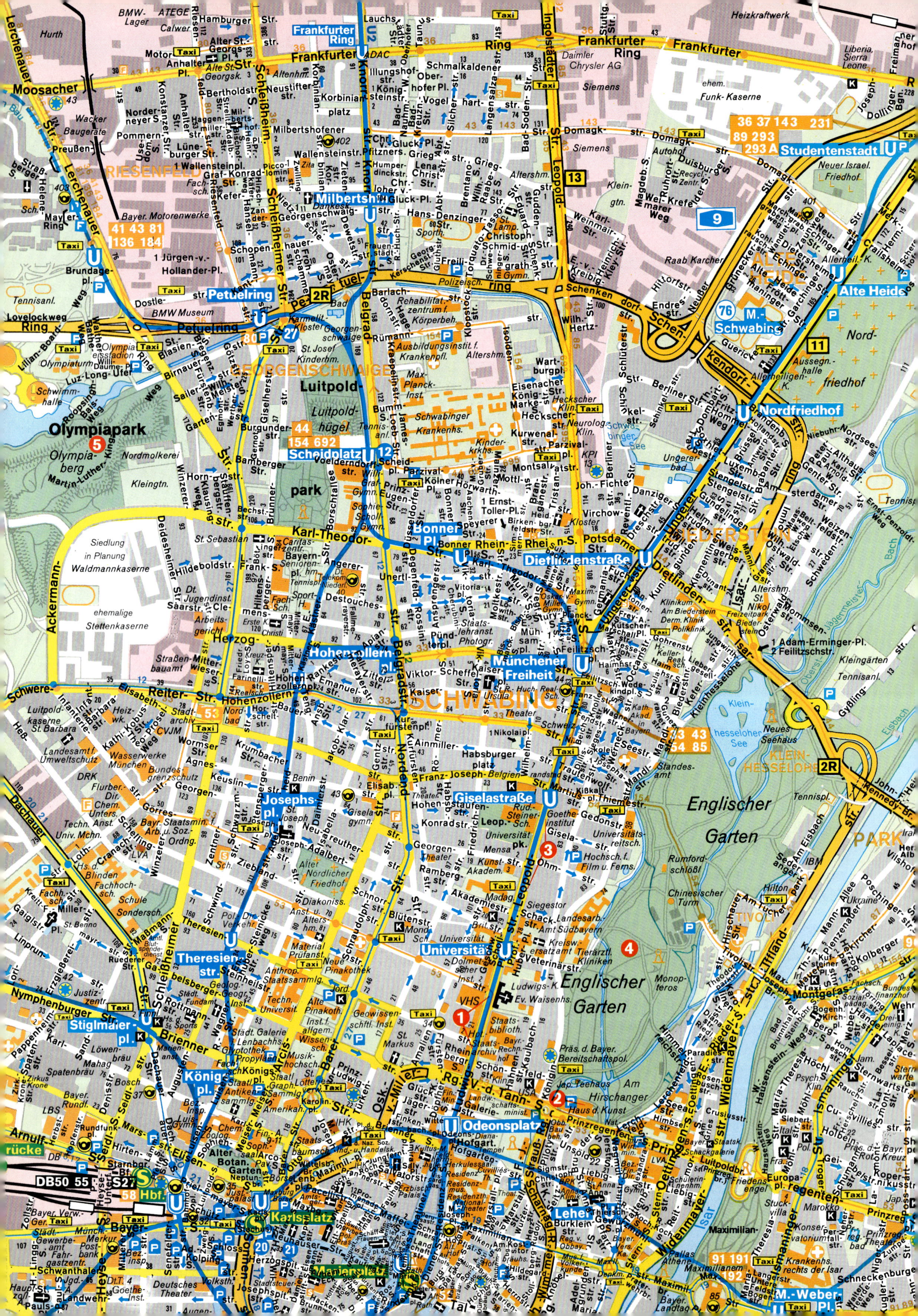

Frankfurter Ring
Frankfurter Ring
Hurth
BMW-Lager
Moosacher Str.
Lerchenauer Str.
Riesenfeld
Milbertshofen
Milbertshofener Str.
Knorrstr.
Ingolstädter Str.
Daimler Chrysler AG
Siemens
Domagkstr.
Studentenstadt
Heizkraftwerk
ehem. Funk-Kaserne
Neuer Israel. Friedhof
Petuelring
BMW Museum
Olympiapark
Olympiaberg
Olympiastadion
Nordmolkerei
Luitpoldpark
Luitpoldhügel
Scheidplatz
Schwabinger Krankenhaus
Max-Planck-Inst.
Alte Heide
M.-Schwabing
Nordfriedhof
Bonner Pl.
Dietlindenstraße
Kendlerstr.
Karl-Theodor-Str.
Siedlung in Planung Waldmannkaserne
ehemalige Stettenkaserne
Ackermannstr.
Hohenzollernpl.
Münchener Freiheit
Schwabing
Herzogstr.
Hohenzollernstr.
Elisabethstr.
Schwere-Reiter-Str.
Leopoldstr.
Josephspl.
Giselastraße
Englischer Garten
Kleinhesseloher See
Kleinhesselohe
Dachauer Str.
Theresienstr.
Universität
Ludwigstr.
Englischer Garten
Monopteros
Chinesischer Turm
Tivoli
Stiglmaierpl.
Nymphenburger Str.
Königspl.
Briennerstr.
Odeonsplatz
Prinzregentenstr.
Haus d. Kunst
Lehel
Hbf.
Karlsplatz
Marienplatz
Maximilianstr.
M.-Weber-Pl.
Isar
Arnulfstr.
Bayerstr.
Hackerbrücke
Deutsches Theater
Alter Botan. Garten
Pinakothek
Neue Pinakothek
Staatsbibliothek
Kennedy-Brücke
Ifflandstr.
Montgelasstr.

Wo gibt es was?

Nadelnummer = Textnummer

Ludwigstraße ①

Die nur einen Kilometer lange Prachtstraße (1816/17, Leo von Klenze) war seinerzeit in Europa beispiellos; bis heute recht einheitliches Erscheinungsbild. Am Odeonsplatz zeigt das Bayerische Innenministerium im Innenhof noch Wände der einstigen Konzerthalle (1826/28); das Leuchtenbergpalais (1817/21) – äußerlich spiegelbildlich zum gegenüberliegenden Konzertsaal errichtet – ist jetzt Finanzministerium; das Bazargebäude (Odeonsplatz 6–18) wurde ab 1820 zusammen mit dem Hofgartentor errichtet.
Das *Staatsarchiv* (Ludwigstr. 14) baute Leo von Klenze 1827/30. Die *Staatsbibliothek* (1832/43) ist mit fast 7,5 Millionen Bänden heute die größte Universalbibliothek Deutschlands; auf der Freitreppe vier Skulpturen – Homer (Dichtung), Hippokrates (Heilkunde), Aristoteles (Philosophie) und Thukydides (Geschichtsschreibung) – von Ludwig von Schwanthaler. Mit dem Bau der *Ludwig-Maximilians-Universität* (Geschwister-Scholl-Platz 1) begann man ab 1835. Sie ist heute (nach Berlin) mit knapp 60 000 Studierenden die zweitgrößte Hochschule Deutschlands. Ein Erweiterungsbau entstand 1906/09 an der Amalienstraße. Sehenswert sind die überkuppelte Treppenhalle und die Aula mit ihren Jugendstil-Mosaiken. Heute gehört zu den Universitätsgebäuden auch die ehemalige Salinendirektion (1843; Ludwigstr. 27).
Die *Ludwigskirche* entstand ab 1829 als Universitätskirche (Friedrich von Gärtner, Figuren in den Rundnischen von Ludwig von Schwanthaler). Der zweitürmige, romanisierende Bau war Vorbild für viele Kirchen des 19. Jh. in ganz Europa.
Nördlicher Abschluß der Prachtmeile ist das *Siegestor*, von Friedrich von Gärtner 1843/52 gebaut und dem bayerischen Heer gewidmet. Der dreitorige Triumphbogen mit der bronzenen Quadriga ist eine Adaption des Konstantinbogens in Rom. Im Zweiten Weltkrieg schwer beschädigt, entstand 1958 die Inschrift: ›Dem Sieg geweiht, vom Kriege zerstört, zum Frieden mahnend‹. Beim Wiederaufbau nicht verwendete Fragmente und Skulpturen sind als ›Lapidarium‹ in der Nieserstraße beim Stadtmuseum aufgestellt.

Drei Museen ②

Das Haus der Kunst gilt als programmatisches Beispiel für die bauliche Selbstdarstellung des Hitlerregimes; es birgt heute die *Staatsgalerie moderner Kunst* und zeigt klassische moderne und zeitgenössische Kunst (mo–so 10–22 Uhr, auch fei).
Nur wenige Schritte weiter: das *Bayerische Nationalmuseum* (Prinzregentenstr. 3), 1894/1900 von Gabriel von Seidl gebaut. Es gilt als eines der bedeutendsten Museen für Kunsthandwerk. Neben kunstgeschichtlichen Sammlungen ist auch eine große Krippensammlung zu sehen (di–so 9.30–17 Uhr, Führungen jeden so, 11 Uhr). Die *Archäologische Staatssammlung* (Lerchenfeldstraße 2) zeigt Bayerns Vorgeschichte, römische Kaiserzeit und frühes Mittelalter (di–so 9–16.30, so bis 20 Uhr).

Leopoldstraße ③

Der ›Boulevard Leopold‹ beginnt am Siegestor und zielt über die Münchner Freiheit nach Norden. Gleich am Anfang an der ehemaligen Stadtgrenze zu Schwabing: die *Akademie der Bildenden Künste*, die Hochschule für Malerei, Graphik, Bildhauerei und Kunsterziehung (Gottfried von Neureuther, 1874/85).
Vor dem Gebäude der Münchner Rückversicherung (Nr. 36) steht seit 1995 der gigantische ›Walking Man‹ des amerikanischen Künstlers Jonathan Borofsky.
Als Abschluß der Leopoldstraße entstand um 1900 die evangelische *Erlöserkirche* in einer Mischung aus mittelalterlichen Formen und Elementen des Jugendstils.
Rechts und links der Leopoldstraße erstreckt sich Schwabing. Um die Jahrhundertwende ein berühmtes Künstlerviertel, ist Schwabing heute durch die nahe Universität ein Szene-, Kneipen- und Kinoviertel. Hübsche Jugendstilhäuser in den Seitenstraßen. In der Seestraße stehen noch einige Altschwabinger Kleinhäuser.
Der Umgebung entsprechendes **Entertainment**, z.B: ›Münchner Lach- und Schießgesellschaft‹ (Haimhauser-/Ecke Ursulastraße), bundesweit bekanntes Kabarett; ›Theater am Sozialamt‹ (Haimhauserstr. 13a); ›Theater 44‹ (Hohenzollernstr. 20).

Englischer Garten ④

Einst kurfürstliches Jagdrevier, ließ Kurfürst Karl Theodor ab 1789 am Isarufer den ersten Volkspark des Kontinents anlegen (1792 eröffnet). Ab 1804 wurde das Areal um die Hirschau und den Kleinhesseloher See erweitert. Landschaftliche Gegebenheiten, wie beispielsweise die Isarbäche, wurden in die Planung und Gestaltung einbezogen.
Der Park bietet mehr Möglichkeiten der Freizeitgestaltung als nur Spaziergänge: Liegewiesen für Sonnenanbeter (auch für FKK-Anhänger), Baden und Wellenreiten im Eisbach, Rudern und Tretbootfahren. Beliebte Ausflugsziele sind das Seehaus (tgl. 10–1 Uhr) am Kleinhesseloher See, das Aumeisterhaus am nordöstlichen Parkende (di–so 9–1 Uhr, Biergarten in der Saison tgl.) und die St. Emmeramsmühle an der Isar (tgl. 11–24 Uhr; außerhalb der Karte).
Parkbauten: Markante Punkte in dem fast vier qkm großen Park sind das Japanische Teehaus, ein Geschenk Japans zu den Olympischen Spielen 1972 (Vorführungen der japanischen Teezeremonie April bis Okt., jedes 2. und 4. Wochenende im Monat, sa, so 15, 16 und 17 Uhr), der Chinesische Turm, eine Aussichtspagode (1789/90) am großen Biergarten (tgl. 10–24 Uhr) mit einem Karussell von 1913 nebenan und das Rumford-Schlößl (1791). Der berühmte Monopteros, ein klassizistischer Tempelbau Leo von Klenzes, entstand 1832/36 auf Veranlassung König Ludwigs I. Der künstliche Hügel, auf dem er steht, ergab sich durch den Aushub des Kleinhesseloher Sees.
Denkmäler: Rumford-Denkmal, 1795 von Franz Jakob Schwanthaler; Sckell-Denkmal, 1823 von Ernst von Bandel und Leo von Klenze; Werneck-Denkmal, 1838 nach Entwurf Klenzes. Moderne Architektur des späteren 20. Jh. in der Straße Am Tucherpark im Osten des Englischen Gartens.

Olympiapark ⑤

Fast drei qkm groß ist die größte geschlossene Sport- und Erholungsanlage der Stadt. Der Olympiapark entstand ab 1966 für die 20. Olympischen Sommerspiele 1972 und wird überragt vom 290 m hohen *Olympiaturm*, dem Fernseh- und Fernmeldeturm mit Aussichtsplattform und Drehrestaurant (tgl. 9–24 Uhr).
Das 75 000 qm große Zeltdach des *Olympiastadions*, ein Entwurf des Architekten Frei Otto, wird von Pylonen getragen und besteht aus transparenten Acrylglasplatten. Das Stadion bietet 63 000 Zuschauern Platz. Hier finden die Bundesligaspiele der Münchner Fußballvereine FC Bayern und 1860 statt, aber auch Leichtathletikwettkämpfe, Pop- und andere Konzerte.
Führungen: Der Info-Pavillon am Olympia-Eissportzentrum informiert über alles Wissenswerte und bietet Führungen durch den Park. Die Fußball-Tour startet von Apr.-Okt. tgl. um 11 Uhr (Stadion-Eingang Nord), die Erlebnis-Tour tgl. um 14 Uhr (ab Info-Pavillon). Nach Voranmeldung unter Tel. 089/3067 2414 können auch Architekt- und Sightseeing-Touren gebucht werden. Das Olympiastadion ist außer an Veranstaltungstagen tgl. auch für ungeführte Besichtigungen geöffnet (8.30–18, Mitte Okt.–Mitte Apr. 9 bis 16.30 Uhr).
Zu den jedes Jahr wiederkehrenden Veranstaltungs-Highlights im Olympiapark gehören neben den nationalen wie internationalen Fußballspielen die Top-Events in der Olympiahalle, wie z.B. das Tennis Masters der Damen (Ende Okt.), das traditionsreiche Münchner 6-Tage-Rennen (Nov.), die Weihnachtsoper oder Holiday on Ice (Febr.). Und in Sachen Rock und Pop ist von AC/DC bis U 2 auch alles vertreten. Zudem gibt es jeweils im Aug. ein großes Sommerfest und das längste Musik-Open-Air der Welt im Theatron am Olympiasee. Ein Höhepunkt im Reigen der Top-Events werden die Leichtathletik-Europameisterschaften vom 6.–11. Aug. 2002 sein.

Maßstab 1:20.000 (0 200 400 600 800 1000 m)

Im Deutschen Museum: Die Geschichte des Fliegens dokumentiert die Abteilung Luft- und Raumfahrttechnik. Einen Teil der voluminösen Exponate zeigt die Außenstelle Flugwerft Schleißheim.

Rechts der Isar: schick oder schrill

Am rechten Isarufer – zwischen Bogen- und Haidhausen – mischt sich Kultur mit Lebenskunst. Für Kultur stehen die Rokoko-Kirche St. Georg oder die Villa Stuck und auch das Deutsche Museum auf der Isarinsel. Lebenskünstler findet man in dem früheren ›Franzosenviertel‹ Haidhausen, wo auch eine der kulinarisch-bacchantischen Szenen der Stadt blüht.

△ Das klassizistische Prinz-Carl-Palais dient der Bayerischen Staatsregierung heute zu Repräsentationszwecken

Karyatide am Sockelbau des Friedensengels ▽

△ Sommerabend in einer Gartenwirtschaft am Rosenheimer Platz

Das Maximilianeum ist seit 1949 Sitz des Bayerischen Landtags ▽

Der Friedensengel schwebt weithin sichtbar über der Prinzregentenstraße

Ein Grandseigneur und Mäzen war Prinzregent Luitpold (1821–1912), der ab 1886 die Regierungsgeschäfte übernahm. Er verlieh der Stadt noch einmal fürstlichen Glanz. Die von Osten zur Residenz führende Prachtstraße, letzte neue große Straßenanlage des 19. Jahrhunderts heißt nach ihm Prinzregentenstraße. Von dem für seinen Bruder Prinz Carl gebauten Palais führt die Straße zur Isar, um den goldenen Friedensengel herum und bis zum Prinzregentenplatz, den der Bau des Prinzregententheaters beherrscht.

Nicht nur der feinsinnige ›Märchenkönig‹ Ludwig II. liebte die Musik Richard Wagners. Prinzregent Luitpold ließ den schloßartigen Theaterbau 1900/01 ausdrücklich als Richard-Wagner-Festspielhaus errichten. Der ursprünglichen Bestimmung gemäß war es denn auch ›Tristan und Isolde‹, womit das Haus nach langem Umbau im November 1996 festlich wiedereröffnet wurde.

›Schmankerl‹, fein und deftig

Kaviar und Kalbsleber, Languste und Leberkäs' – lokale und internationale ›Schmankerl‹ verführen den Kunden bei ›Feinkost Käfer‹. Hier tut sich ein Stück Schlaraffenland auf. Das Delikatessen-Geschäft von einst ist heute ein Unternehmen mit 500 Beschäftigten. Mit dem Vertrieb hauseigener Spezialitäten, mit zwei Bistros und 14 Käfer-Läden, die ein Lizenzpartner in Japan betreibt, versucht Firmenchef Michael Käfer auszugleichen, daß die Zeiten wirtschaftlich schwieriger, die ganz großen Gesellschaften weniger und selbst Hochzeiten heutzutage lieber im kleinen Kreis gefeiert werden.

Bogenhausens Dorffriedhof

Bogenhausen – der Name steht für nobles Wohnen, doch gibt es auch das dörfliche Bogenhausen noch. Rund um die malerisch über dem rechten Isarhochufer gelegene St.-Georgs-Kirche rahmen kleine Häuser und hohe Bäume den hübschen alten Friedhof ein. Hier haben viele prominente Münchner die letzte Ruhe gefunden: zum Beispiel Annette Kolb, ihr Schriftsteller-Kollege Erich Kästner, der Dirigent

△ Als Wagner-Festspielhaus gebaut: das Prinzregententheater

Der ›Bogenhausener Hof‹ ▽

△ Die Haidhauser ›Herbergen‹ stellen ein Stück Sozialgeschichte dar

△ Gasteig: Münchens Kultur-, Tagungs- und Bildungszentrum

Frühstück auch um Mitternacht im ›Café Wiener Platz‹ ▽

Schlemmer-Paradies an der Prinzregentenstraße: ›Feinkost Käfer‹ verführt mit allem, was gut schmeckt ▽

Hans Knappertsbusch und die Schauspieler Rudolf und Peter Vogel. Oft ziert ein Strauß frischer Rosen das schlichte Grab der Karl-Valentin-Partnerin Lisl Karlstadt.

Charakteristisch für die Gründerzeit und den Münchner Jugendstil sind die aus prachtvollen Gärten wachsenden Villen. Wer wissen will, wie um die Jahrhundertwende gewohnt wurde, bekommt davon einen Eindruck im Museum Villa Stuck des einstigen Akademieprofessors und Malers Franz von Stuck, der auch Mitbegründer der ›Münchner Secession‹ war. In den repräsentativen Wohnräumen sieht man noch Teile der Originalausstattung.

Haidhauser Herbergen

Die östlichen Vorstädte Münchens – Haidhausen, Au und Giesing – wurden 1854 eingemeindet. Nun waren die hier wohnenden Handwerker und Tagelöhner Münchner Bürger. Da sie früher kein Wohnrecht in der Stadt erhielten, taten sich schon seit der Mitte des 17. Jahrhunderts immer mehrere dieser armen Schlucker zusammen, um sich eine ›Herberge‹ zu bauen. Das waren winzige Häuschen, die in noch winzigere Wohnparzellen für jeden Miteigner aufgeteilt wurden.

›An der Kreppe‹ heißt die Gasse zwischen Wiener- und Max-Weber-Platz, die noch von typischen Haidhauser Herbergen zeugt. Kopfsteinpflaster, schmiedeeiserne Gaslaternen, schräge Gaubendächer und Sprossen-Fenster prägen das Bild.

Der ganze Wiener Platz war bis vor hundert Jahren noch mit diesen schiefen Herbergshäusern bebaut. Und was uns heute so anheimelnd nostalgisch erscheint, da wohnte früher nicht selten die blanke Not. Heute bemühen sich Kunsthandwerker, Jungarchitekten und junge Familien gemeinsam darum, das charmante Viertel gegen Ausverkauf und Bauträgergesellschaften zu verteidigen.

Isar – weder blau noch grün

Die Stockenten stört der Verkehrslärm auf der Ludwigsbrücke augenscheinlich nicht. Es läßt sich gut leben, wenn fast immer jemand mit trockenem Brot zum

△ Schöner schwimmen im Müllerschen Volksbad, … … Ende des 19. Jahrhunderts im Jugendstil erbaut ▽

Beeindruckende Architektur: das Europäische Patentamt ▽

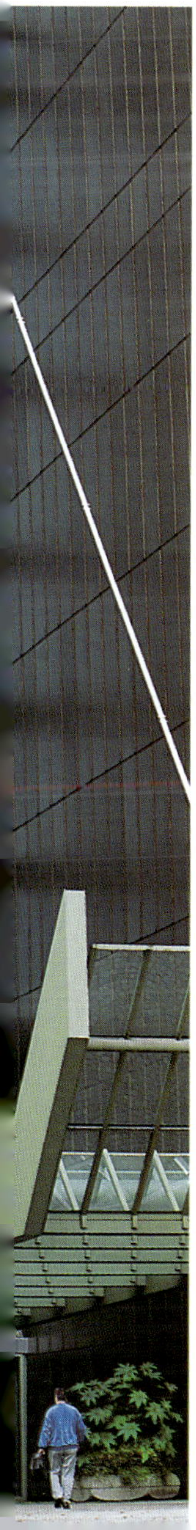

△ Technik von nostalgisch bis futuristisch, von der Windmühle bis zum Satelliten zeigt das Deutsche Museum ▽

Füttern vorbeikommt. Die Isar ist nach Donau und Main der drittgrößte Fluß Bayerns. Doch was aus dem Karwendelgebirge in München ankommt, ist kein wilder Fluß mehr, sondern nur noch ein von Kraftwerken ausgenutztes müdes Wasser. Beim Spaziergang zwischen Praterinsel und Deutschem Museum fällt auf, wie behäbig und grau die gezähmten Fluten sich dahinwälzen. Keine Spur von grün oder blau. Überall ist Baden verboten. Zuviel Dreck in der Isar, beigemengt auf dem Weg durch die Stadt.

So kann auch das beliebte ›Müllersche Volksbad‹ längst nicht mehr mit Flußwasser gespeist werden. Der Besuch lohnt sich trotzdem, denn es gilt als das schönste Hallenbad Deutschlands, ein Kleinod des Jugendstils. Seit hundert Jahren scheint sich nichts verändert zu haben. Reich geschmückt sind die Wände, geschnörkelt und gedreht die Geländer entlang der Treppen und Emporen. Nur das ›Zamperlbad‹, das es hier für die Münchner Hunde gab, wurde geschlossen.

In der Nähe des Bades führte ein ›gacher Steig‹, ein steiler Weg, vom Isarufer hinauf nach Haidhausen. Daraus wurde im Laufe der Zeit ›Gasteig‹, und das ist heute ein Begriff für Münchens Kongreß- und Kulturzentrum mit Philharmonie, Theater und als Veranstaltungsort für das Münchner Filmfest.

Technik und Kultur

Blickfang im Hof des Deutschen Museums ist die ›Dornier 31‹, der Prototyp eines Senkrechtstarters. Ein komplettes Bergwerk mit Stollen, Hunten und Kohleflözen steckt mitten im Museum. Das schon 1903 gegründete technisch-naturwissenschaftliche Museum ist immer noch eines der bedeutendsten seiner Art. In den vielen Abteilungen findet sich beispielsweise das erste Telefon mit elektrischer Übertragung (1863), der erste Dynamo (1866), das erste Auto (1886) oder der früheste Dieselmotor (1892). Zu sehen ist auch der Versuchsaufbau, mit dem 1938 die erste Kernspaltung gelang. 1,3 Millionen Besucher im Jahr hat das Museum, und es gibt nicht wenige – Kleine und Große –, die es zu ihrem Lieblingsmuseum erklärten.

Englischer Garten
Englischer Garten
Englischer Garten
Kleinhesseloher See
Neues Seehaus
HIRSCHAU
SCHWABING
BOGENHAUSEN
STEINHAUSEN
HAIDHAUSEN
ARABELLAPARK
Bonner Pl.
Dietlindenstraße
Münchener Freiheit
Giselastraße
Universität
Odeonsplatz
Lehel
Isartor
Max-Weber-Pl.
Prinzregentenpl.
Böhmerwaldpl.
Richard-Strauss-Str.
Leuchtenbergring
Ostbahnhof
Rosenheimer Platz
Fraunhoferstr.
Columbusplatz
Innsbrucker Ring
Karl-Theodor-Str.
Leopoldstr.
Ludwigstr.
Prinzregentenstr.
Maximilianstr.
Einsteinstr.
Ismaninger Str.
Effnerstr.
Oberföhringer Str.
Berg-am-Laim-Str.
Isar
Bürgerpark
Maximilianeum
Deutsches Museum
Ostfriedhof
Wertstoffhof
Straßenbahn-Betriebshof
Tivoli
Chinesischer Turm
Rumfordschlößl
Monopteros
2R
DB50
304
S8
S3 S4 S7
U4
1 Adam-Erminger-Pl.
2 Feilitzschstr.
1 Dingelstedtweg
1 Hebenstreitstr.
2 Ob. Grasstr.
3 Tegernseer Pl.

Wo gibt es was?

Nadelnummer = Textnummer

Friedensengel ①

Die *Prinzregentenbrücke* (1901, nach dem Entwurf von Theodor Fischer) zeigt Allegorien der Landesteile Bayern (Hermann Hahn), Franken (Balthasar Schmitt), Schwaben (Erwin Kurz) und Pfalz (Josef Wackerle).
Darüber erhebt sich auf der Luitpold-Terrasse am rechten Isarhochufer weithin sichtbar der Friedensengel aus vergoldetem Bronzeguß (1896/99).
Die 23 m hohe korinthische Säule wächst eindrucksvoll aus einem tempelartigen Sockelbau, der geschmückt ist mit Freitreppen und Springbrunnen. In der ›Korenhalle‹ Reliefs und Mosaiken. Das Denkmal entstand anläßlich der 25. Wiederkehr des Vorfriedens von Versailles von 1871. Die Anlage ist von Ost wie West gleichermaßen als ›Point de vue‹ angelegt.

Prinzregentenstraße ②

Vom frühklassizistischen *Prinz-Carl-Palais* (1804–06) im Hofgarten (1613-17), das dem Bruder König Ludwigs I. als Wohnsitz diente, bis zum Vogelweideplatz weit im Osten reicht die Prinzregentenstraße. Sie ist die letzte große Straßenanlage des 19. Jh. und wurde von 1891 bis 1901 gebaut. Sie verbindet das damalige ›Erweiterungsgebiet‹ Bogenhausen mit der Innenstadt. Ein *Reiterstandbild* (Adolf von Hildebrand, 1901/13) des Namensgebers dieses Straßenzuges, Prinzregent Luitpold, findet sich vor dem Nationalmuseum (Nr. 3).
Die *Schack-Galerie* (Nr. 9) in der ehemaligen Preußischen Gesandtschaft (1907), zeigt hervorragende Beispiele deutscher Malerei des 19. Jh. aus der Sammlung des Kunstmäzens Graf Adolf Friedrich von Schack, etwa Werke von Schwind, Spitzweg, Lenbach, von Feuerbach und Böcklin (tgl. 10–17 Uhr, di geschl.).
Am Rande der Maximilians-Anlagen liegt die *Villa Stuck* (Nr. 60), in der Klassizismus und Jugendstil verschmelzen, Baudenkmal und Museum zugleich. Der ›Malerfürst‹ Franz von Stuck (1863–1928) baute 1897/98 (1913/14 kam angrenzender Atelierbau hinzu) sein Wohn- und Atelierhaus in der damals neuen Vorstadt und plante es bis zu Ausstattung und Dekorationsdetails. Die speerschleudernde, bronzene Amazone im Vorgarten gilt als plastisches Hauptwerk Stucks. Im Inneren kostbares Parkettmosaik, Originalmöbel und -bilder. Im Obergeschoß Ausstellung mit Werken des Münchner Jugendstils sowie Wechselausstellungen (di–so 10 bis 18 Uhr).
An Prinzregentenstadion und Prinzregentenbad vorbei, erreicht man das im November 1996 pompös wiedereröffnete *Prinzregententheater* von 1901. Vorbild war das Bayreuther Festspielhaus. Im Park daneben: Marmorskulptur von Richard Wagner (1913), für dessen Werke das Festspielhaus ursprünglich bestimmt war. – Im Haus Nr. 73: der berühmte Feinkost-›Käfer‹.

Bogenhausen ③

Nördlich der Prinzregentenstraße und rund um den Kirchplatz liegt am Isarhochufer das ehemalige Dorf, aus dem heute einer der bevorzugten, citynahen Villen-Stadtteile geworden ist.
Die ansehnliche Rokoko-Kirche *St. Georg* (1768) – Hauptaltar Johann Baptist Straub, Kanzel und Seitenaltar von Ignaz Günther – ist von einem hübschen Friedhof umgeben; dort ruhen Prominente wie Erich Kästner, Lisl Karlstadt und Rainer Werner Fassbinder. – Der ›Bogenhausener Hof‹ gilt als einer der ›In‹-Treffpunkte der Stadt.

Maximilianeum ④

Im Zuge des Stadtverschönerungsplanes und als würdigen Abschluß für die prächtige Maximilianstraße – immer noch fast einheitlicher Baustil, elegante Einkaufsstraße – baute Friedrich Bürklein 1857/74 auf dem Isar-Ostufer die ›Stiftung Maximilianeum für Bildung und Unterrichtung künftiger Staatsdiener‹. Seit 1949 ist das Maximilianeum Sitz des Bayerischen Landtags und des Senats. Im veränderten Inneren sind lediglich die Treppenhalle und historische Wandfresken erhalten. Das Gebäude liegt erhöht über den weitläufigen Maximilian-Anlagen.
Die *Maximiliansbrücke* (1863) über die Isar wurde 1904–1906 erneuert; die Steinplastik ›Pallas Athene‹ stammt aus der Werkstatt von Franz Drexler.
Etwas weiter stadteinwärts das Denkmal für König Max II. (1875) sowie – sich gegenüberliegend – das Gebäude der Regierung von Oberbayern (1864) und das *Staatliche Museum für Völkerkunde* (Maximilianstr. 42, di–so 9.30–17.15 Uhr, Tel. 089/210136-0, interessante Sonderausstellungen).
Sammlungen zu jüdischer Kultur, Tradition und Geschichte sind im *Jüdischen Museum* zu sehen (Reichenbachstr. 27, di und do 14–18, mi 9–12 und 14–18 Uhr, fei geschl.).

Haidhausen ⑤

Die ehemalige Vorstadt wurde in den letzten Jahrzehnten aufwendig saniert und rund um Wiener, Rosenheimer und Pariser Platz zu einem beliebten Wohnviertel.
Das *Üblackerhäusl* ist eines der wenigen noch erhaltenen Beispiele für die typischen Haidhauser Herbergen. Weitere Beispiele aus dieser Zeit: der Herbergenhof (Preysingstr. 64, heute ein Kunsthandwerkerhof) und der Kriechbaumhof (Preysingstr. 71), mit 300 Jahren das älteste Herbergshaus, Wiener Platz 4–6, An der Krempe 2 a–d.
Zu einem Zentrum für zeitgenössische, experimentelle Kunst hat sich die Künstlerwerkstatt in einer alten Fabrik, der ›lothringer13/halle/LADEN‹ entwickelt (Lothringer Str. 13, www.lothringer13.de, tgl. 13–19 Uhr, mo geschl). Frühstücken, solange geöffnet ist (8–1 Uhr), kann man im ›Café Wiener Platz‹.
Münchens Kultur-, Bildungs- und Tagungszentrum ist der *Gasteig* (Rosenheimer Str./Gasteig) mit ›Münchner Philharmonie‹ (2500 Plätze, gute Akustik), ›Richard-Strauss-Konservatorium‹, Volkshochschule und Stadtbibliothek. In der ›Black Box‹ finden Theateraufführungen, Konzerte oder Seminare statt.
Direkt gegenüber: das erste öffentliche Hallenbad Deutschlands, das *Müllersche Volksbad* (Rosenheimer Str. 1), in reinem Jugendstil nach Plänen Carl Hocheders 1897/1901 gebaut. Besichtigung (nur in Badekleidung) täglich, im Juli und August sonntags geschlossen.

Deutsches Museum ⑥

Die Führungslinie ist 17 km lang. Auf 55 000 qm Ausstellungsfläche wartet das Deutsche Museum auf der ehemaligen Kohleninsel in der Isar mit seinen Objekten und Exponaten auf. Oskar von Miller gründete das technisch-naturwissenschaftliche Museum 1903, gebaut wurde es 1906/25.
Das Museum zeigt die technische Entwicklung der Welt, von den ersten primitiven Maschinen im Bergbau bis hin zur Astrophysik. Modernste Didaktik ermöglicht ein ›Museum zum Anfassen‹. Die meistbesuchten Bereiche des Hauses sind das Planetarium, das Bergwerk, die Sammlung historischer Lokomotiven und die Hochspannungsanlage mit der Demonstration von Blitzen (tgl. 9–17 Uhr, regelmäßig kostenlose Führungen sowie Sonderausstellungen).
Im Kongreßsaal ist das hypermoderne ›Forum der Technik‹ untergebracht. Lange Schlangen an den Kassen gibt es regelmäßig vor dem ersten IMAX-Kino Deutschlands, das auf einer 330 qm-Leinwand 3-D-Filme zeigt (Vorstellungen im 1-Std.-Takt von 10–22 Uhr).
Gegenüber der Museumsinsel liegt in der Ehrhardtstr. der architektonisch interessante Neubau des *Europäischen Patentamtes*.
Jenseits der Ludwigsbrücke steht seit 1932 der ursprünglich für Straßburg geschaffene *Vater-Rhein-Brunnen* von Adolf von Hildebrand.
Auf der flußabwärts nächsten Insel liegt das *Alpine Museum* des DAV, Praterinsel 5 (di–fr 13–18, sa und so 11–18 Uhr, fei geschl.).

Maßstab 1:20.000 — 0 200 400 600 800 1.000 m

Von außen und innen feucht werden Passagiere bei einer Isar-Floßfahrt: Sie führt von Wolfratshausen nach Thalkirchen.

Südliches Flair in den Isarauen

Die Isar-Insel Flaucher ist an heißen Sommertagen Ziel von Sonnenbadern und Biergartengästen. Hier landen die Floßfahrer aus Wolfratshausen. Und auch der Tierpark Hellabrunn ist Teil des Landschaftsschutzgebiets Isarauen. Wer allerdings fliegende Drachen sucht, muß zur Filmstadt in Geiselgasteig fahren, denn in der ›Traumfabrik‹ werden auch Spielfilmproduktionen der letzten Jahre lebendig.

△ Sonnenbad auf den Isar-Kiesbänken

Aus Südamerika: Seriema im Tierpark Hellabrunn ▽

△ Über den Holzsteg am Flaucher erreichen die Münchner … … das Naherholungsgebiet Isarauen ▽

Die Elefanten im Tierpark Hellabrunn leben in denkmalgeschützter Architektur ▽

Das ›Schwarze Brett‹ der Sonnenanbeter und Veranstalter von Grillfesten am Isarstrand ist der hölzerne Steg am Flaucher: Dutzendweise sind da an Wochenenden die Einladungen zu diversen Feten angepinnt. Kontaktanzeigen inbegriffen. Der Flaucher ist eine beim Bau des Wasserkraftwerks Thalkirchen entstandene Insel und das Dorado für den Familienausflug, aber auch für Fans der Freibadekultur.

Floßfahrt als Gaudi

Blasmusiklaut geht es an der Floßlände zu; man hört den Passagieren an, daß die Bierfässer leer sind. Was in Wolfratshausen oder Bad Tölz am Vormittag beginnt und weitergeht, immer mal über Floßrutschen an den Kraftwerken – die längste mißt gut 350 Meter –, endet am Nachmittag gut durchfeuchtet in Thalkirchen.

Die Flößerei war jahrhundertelang wichtig für die Versorgung Münchens mit Holz aus den waldreichen Voralpen. Was heute in fünf bis sieben Stunden talwärts geflößt wird, bringt ein Sattelschlepper zum Ausgangsort zurück, wo das Floß für die nächste feuchtfröhliche Tour wieder zusammengebaut wird.

Still liegt der Hinterbrühler See – zumindest werktags. Dann sind Graureiher zu beobachten, Wildgänse oder Ringelnattern. An den lauen Sommerabenden geben gemischte Froschchöre quakend ihre Konzerte. In so friedlicher Natur liegen der einzige Golfplatz auf Münchner Stadtgebiet und einer der beiden Campingplätze. Wenn am Wochenende bei schönem Wetter von Idyll keine Rede mehr sein kann, weil halb München hier aufzutanken scheint, bleibt noch das ›Seehaus Hinterbrühl‹, das zur freundlichen Einkehr lädt.

An der Isar entlang

Gleich einer grünen Insel im Häusermeer erstreckt sich ein Landschaftsschutzgebiet vom Zoo isaraufwärts bis zur Stadtgrenze. Der Isar-Wanderweg, der schon am Friedensengel beginnt, hat hier einige seiner schönsten Passagen.

Wen zwischendurch der Durst übermannt, kehrt im Biergarten ein. In der noblen Menterschwaige etwa

△ St. Maria Thalkirchen lohnt auch innen die Besichtigung

△ Einkehr im Garten der ›Waldwirtschaft Großhesselohe‹

Die ›Uralte Morla‹ während der ›Bavaria-Film-Tour‹ ▽

△ Die Isar bei Großhesselohe: Paradies für Angler, Spaziergänger und Naturfreunde

Spannende Stunt-Show in Geiselgasteig ▽

oder schräg gegenüber in der Waldwirtschaft Großhesselohe. Das geht nicht? Aber ja, denn die Großhesseloher Eisenbahnbrücke hat eine Fußgänger-Etage.
Mit dem Überqueren verläßt man das Münchner Stadtgebiet. Großhesselohe gehört schon zu Pullach. Wer dann von dort mit der S-Bahn in die Stadt zurückfahren will, lernt noch eine der kleinsten Brauereien kennen, die sich direkt im Bahnhof etabliert hat.

Hellabrunn: kein üblicher Zoo

Ein Eisbär läßt sich in seinen Pool fallen, hoch spritzt das Wasser auf, die Zuschauer kreischen. Bei den Königspinguinen ist schon wieder Stehempfang. Und die Schimpansen kaspern herum. Der 1911 eröffnete Tierpark Hellabrunn ist mehr als ein üblicher Zoo mit Tieren hinter Glas und Gittern. Rund 8500 Tiere aus aller Welt leben inzwischen hier auf einem 36 Hektar großen Areal in weitgehend naturnaher Umgebung. Ein fast grenzenloses Vogelparadies ist die 5000 Quadratmeter überspannende Großvoliere. Sie ist – von der Statik her – dem Acrylglasdach des Olympiastadions vergleichbar, dessen Architekt Frei Otto auch den Volierenbau beratend begleitete. Das Elefantenhaus wird von einer freitragenden Beton-Glas-Kuppel gekrönt und hat den Status eines offizielles Baudenkmals.

Film-Tour in Geiselgasteig

Das Fell des fliegenden Glücksdrachens Fuchur aus Michael Endes ›Unendlicher Geschichte‹ ist schon etwas abgewetzt. Trotzdem wollen Jahr für Jahr unzählige Kinder auf seinem Rücken reiten. Auch der riesige Felsenbeißer, die flinke Rennschnecke und andere Wesen aus dieser Fabelwelt sind vertreten.
Wer sich auf die ›Bavaria-Film-Tour‹ begibt, klettert in ›Das Boot‹ von Wolfgang Petersen oder bewegt sich in der futuristischen Originalkulisse von ›Enemy Mine – Geliebter Feind‹. Trickmodelle aus ›Schtonk‹ sind nun zu durchschauen. Die Stunt-Show und das Showscan-Kino mit seinen synchron zur Handlung sich bewegenden Sitzen sind die Höhepunkte des Programms für jährlich 600 000 Besucher.

Westpark (Ost)
UNTERSENDLING
Theresienhöhe
Bavariapark
Neubaugebiet in Planung
wiese
Goetheplatz
Poccistraße
Implerstr.
Harras
MITTERSENDLING
Brudermühlstr.
Mittersendling
THALKIRCHEN
Thalkirchen
Flaucher
Tierpark
Hellabrunn
Obersendling
Aidenbachstr.
OBERSENDLING
Siemenswerke
Siemensallee
MARIA EINSIEDEL
Zentralländе
HARLACHING
Hinterbrühler Park
HINTERBRÜHL
MENTERSCHWAIGE
Solln
PRINZ LUDWIGS HÖHE
Großhesselohe
(zu Pullach)
Großhesselohe Isartalbf.
Geiselgasteig
(zu Grünwald)
Isarhöhe
Perlacher Forst
(gemeindefreies Gebiet)
Perlacher Mugl
587
(zu Unterhaching)
Erlösungsplatz
Sanatorium
(zu München)
Fraunhoferstr.
Columbusplatz
GIESING
Untersbergstr.
Wettersteinpl.
Candidpl.
St.-Quirin-Pl.
Silberhornstr.
Ostfriedhof
1 Hebenstreitstr.
2 Ob. Grasstr.
3 Tegernseer Pl.
Kolumbusplatz
Fraunhoferstr.
Rosenheimer Platz
Tegernseer Landstr.
NEUHARLACHING
Münchner Kindl-Heim
Isar
E 54
DB 55
DB 50
S 27

Wo gibt es was?

Nadelnummer = Textnummer

Großmarktviertel ①–②

Südöstlich der Theresienwiese liegt der ›Bauch von München‹, das Großmarktviertel. Von der *Großmarkthalle* ① werden täglich fünf Millionen Menschen in einem Umkreis von mehr als 200 km mit frischen Lebensmitteln versorgt. Obst und Gemüse im Wert von zwei Milliarden Mark werden jährlich auf 310 000 qm Verkaufsfläche umgeschlagen. Einzelhändler aus halb Bayern kaufen auf dem drittgrößten Obst- und Gemüsemarkt Europas (nach Paris und Mailand) ein. Bei den 500 Blumengroßhändlern wechseln täglich rund 500 000 Schnittblumen den Besitzer (nur für Kunden und Fachbesucher).

In der Gaststätte ›Großmarkthalle‹ (Kochelseestraße 13, geöffnet mo–fr 7–17, sa bis 13 Uhr) brummt schon frühmorgens der Laden, und es gibt die frischesten Weißwürste: der Wirt ist auch Metzger – und der Schlachthof liegt gleich hinter Großmarkt und Bahngleisen. Kleinkunst und Musik im ›Schlachthof‹ (Zenettistr. 9).

Der *Gotzinger Platz* ② mit der Korbinians-Kirche gehört zu den typischen Ensembles des Historismus (1882/93). Die Schule erinnert an die früher übliche, konfessionelle Trennung der Kinder: die Turnhalle grenzt den evangelisch-lutherischen klar vom glockenturmbekrönten katholischen Flügel des Gebäudes ab.

Ein paar Straßen weiter westlich, am Margarethenplatz 1, liegt die neue Sendlinger *Pfarrkirche St. Margareth* (1901/13). Sie wurde nach Zerstörungen im Zweiten Weltkrieg wiederhergestellt; sehenswert die Skulpturen der hl. Margarethe und Georg (um 1500) im südlichen Querhaus. Dieser Bau ersetzte die alte, zu klein gewordene Sendlinger Pfarrkirche (direkt am U- und S-Bahnhof Harras), die in der Sendlinger Mordweihnacht 1705 schwer beschädigt, 1711/12 jedoch wiederaufgebaut wurde. An jenes Ereignis erinnert außen an dem Kirchlein ein Historienbild von 1830.

Isarauen ③–⑥

Die von Süden kommende Isar durchfließt München auf 13,7 km; Radwege und Ruhebänke, Spielplätze und Ausflugslokale am Flußlauf. Die Auwälder, Grünanlagen und Kiesflächen des Flusses dienen der Naherholung, hier werden Lagerfeuer entzündet und Feste gefeiert.

Die Isarauen sind auch ein sensibles Rückzugsgebiet für Tiere und Pflanzen. Von mehr als 200 Wildkräutern, die es noch 1935 im Stadtgebiet gab, ist mindestens ein Drittel verschwunden; gleiches gilt für den Brutvogelbestand. Natur- und Landschaftsschutz sind daher wichtiger Bestandteil der Stadtplanung.

Am *Flaucher* ③ gibt es einen großen Biergarten (Isarauen 8, tgl. 11–24 Uhr) und den Fluß-Lehrpfad.

An der *Floßlände* ④ in Thalkirchen kommen die großen Gesellschaftsflöße aus Wolfratshausen an. Je nach Wasserstand dauert die Fahrt durch das Isartal 5–7 Stunden.

Nur zu Fuß zu erreichen ist das ›Seehaus‹ mit Bootsverleih am *Hinterbrühler See* ⑤. Im Winter treffen sich hier Eisstockschützen und Schlittschuhläufer (tgl. 11–22 Uhr).

Zu den beliebten **Biergärten** Münchens, deren Saison in der Regel von Ostern bis Oktoberfest geht, gehört neben dem am Flaucher und der ›Menterschwaige‹ (Menterschwaigstr. 4, tgl. 11–24 Uhr) die ›Wawi‹, die *Waldwirtschaft Großhesselohe* ⑥, Georg-Kalb-Straße 3, tgl. 11–1 Uhr. Jazz- oder Swingbands spielen (mo–fr 11–13 und 16–21.30, sa 12–21.30 und so 11–20.30 Uhr; im Winterhalbjahr jeden 2. Sonntag im Monat Jazz-Frühschoppen von 11–15 Uhr), während man sich ›Steckerlfisch‹, Schweinshaxen und vor allem das frische Bier schmecken läßt.

Maria Einsiedel ⑦–⑧

Etwa ab 1731 baute Cosmas Damian Asam (1686–1739) einen Landsitz in den Isarauen zu seinem Wohnhaus mit Atelier um. Das *Asam-Schlößl* ⑦ (Maria-Einsiedel-Str. 45) wartet mit der einzigen Fassadenmalerei Cosmas Damians auf. Sie zeigt Moses mit den Gesetzestafeln, Maria und das Jesuskind und wurde nach schweren Kriegsschäden rekonstruiert. Behagliches Restaurant im Anbau von 1838 (geöffnet tgl. 11–1 Uhr).

Beliebt: das Sommerbad Maria Einsiedel neben dem Golfplatz (9-Loch-Platz, Zentralländstr. 40).

Die Kirche *Maria Thalkirchen* ⑧ am Frauenbergplatz bietet dörflich barockes Gepräge, einen mittelalterlichen Chor sowie Anbauten des frühen 20. Jh. durch Gabriel von Seidl. Im barocken Hochaltar von Ignaz Günther, der auch die sonstigen Skulpturen schuf, Figuren von 1482.

Nockherberg, Au ⑨

Der Paulanerkeller (Hochstraße 77) auf dem rechts der Isar gelegenen Nockherberg ist bis auf die Grundmauern abgebrannt und wird gerade neu errichtet, geplante Wiedereröffnung Frühjahr 2003. Ab dem Josefi-Tag (19. März) wird dann hier wieder zwei Wochen lang das Salvator-Bier ausgeschenkt. Das berühmte ›Derblecken‹, also das auf den Arm nehmen von vor allem politischer Prominenz in der ›Salvator-Rede‹ findet bis dahin in einem Festzelt auf dem Maria-Hilf-Platz statt.

Aus der etwas nördlich gelegenen feuchten *Au* wurde ab 1400 eine Vorstadt Münchens gleichen Namens, heute ist es ein citynahes Stadtviertel. Einst lebten hier vorzugsweise Bauhandwerker und Tagelöhner – wie in Haidhausen – in sogenannten Herbergshäuschen. Um die 1831/39 errichtete *Pfarrkirche Maria Hilf* (Mariahilfplatz) findet dreimal im Jahr die *Auer Dult* statt, halb Volksfest, halb Trödel- und Antiquitätenmarkt (Mai-Dult ab sa vor dem 1. Mai, Jakobi-Dult ab sa vor 25.7., Kirchweih-Dult ab 3. sa im Okt.).

Bayern und ›Sechzig‹ ⑩

In der Säbener Straße 51 befindet sich das weitläufige Vereinsgelände des FC Bayern München. Der seit Jahrzehnten erfolgreiche Bundesligaverein ist nur einen Superschuß entfernt von der ›blauen‹ Konkurrenz in der Grünwalder Straße 114, wo der TSV 1860 München zu Hause ist.

Die gut sortierten Fan-Shops finden sich jedoch nicht hier, sondern – in ebenfalls guter Nachbarschaft – in der City: Bayern-Boutique, Orlandostraße 1 und 60er-Shop, Orlandostraße 8.

Tierpark Hellabrunn ⑪

Auf 36 ha zwischen Isar und östlichem Talhang entstand der Tierpark Hellabrunn (Siebenbrunner Str. 6), der 1911 eröffnet wurde. Generalausbauplan von Emanuel von Seidl, bis in die Gegenwart jedoch laufend verändert und weiterentwickelt. Beeindruckende Harmonie von Landschaft und Architektur. Unter Denkmalschutz steht Seidls Elefantenhaus von 1914, noch heute das Wahrzeichen des Zoos.

Die etwa 8500 Tiere leben in dem von Wasser durchzogenen Areal fast ohne Zäune. Besonderheiten: Rückzüchtungen aus Haustierrassen zum Auerochsen und Grauen Wildpferd und die Spezialisierung auf vom Aussterben bedrohte Arten (tgl. 8–18 Uhr). Die Fütterungszeiten für Löwen, Tiger, Robben, Eisbären und Pinguine sowie für die Tiere im Aquarium sind am Eingang ausgehängt. Nachtführungen und ›Hinter die Kulissen‹ nach Voranmeldung, Tel. 089/62508-34 von 9–11 Uhr.

Direkt nebenan, am Harlachinger Berg, lohnt der Besuch der *Wallfahrtskirche St. Anna*, die Mitte des 18. Jh. ihr heutiges Gesicht erhielt. Der Altaraufsatz von Ignaz Günther (1754) rahmt das gotische Gnadenbild der ›Anna selbdritt‹ (um 1500).

Filmstadt Geiselgasteig ⑫

In der Filmstadt Geiselgasteig an der südlichen Stadtperipherie gehen jährlich etwa 600 000 Besucher auf die ›Bavaria Film-Tour‹. Mit dem ›Filmexpreß‹, der durch das 356 000 qm große Gelände rollt, geht es vorbei an Kulissen aus Film- und Fernsehproduktionen. Weitere Höhepunkte: eine Stunt-Show mit Feuereffekten und ›Todesstürzen‹ sowie das ›Showscan-Kino‹ mit 5-Kanal-Audiotechnik und beweglichen Stühlen für die totale Illusion (tgl. 11.30 und 13 Uhr).

Maßstab 1:25.000 (0 – 250 – 500 – 750 – 1000 – 1250 – 1500 m)

An Schlössern herrscht kein Mangel, aber Nymphenburg ist etwas Besonderes. Dazu trägt die herrliche Parkanlage bei, die nur noch direkt hinter dem Schloß ein kunstvoll gezähmter Barockgarten ist.

Plaisir im Schloß – Gaudi auf der Wies'n

Schloß Nymphenburg verdankt seine Anfänge einer kurfürstlichen Geburt im 17. Jahrhundert, die Theresienwiese ihre einer Kronprinzenhochzeit rund 15 Jahrzehnte später. Auf letzterer findet seit dem Pferderennen am 17. Oktober 1810 jedes Jahr das Oktoberfest statt, ein Volksfest der Superlative und bis in den letzten Winkel der Erde als Synonym bierseliger Festesfreude bekannt.

△ Als Jagdschlößchen wurde die Amalienburg gebaut … … wie die Jagdgöttin Diana an der Fassade dokumentiert ▽

△ Die Büsten verdienter Bayern in der Ruhmeshalle

△ Die monumentale Bavaria blickt auf die Theresienwiese

Skulpturen schmücken das Garten-›Parterre‹ von Nymphenburg ▽

Zehn Jahre schon war Henriette Adelaide von Savoyen mit Kurfürst Ferdinand Maria verheiratet, bis endlich 1662 der Thronfolger Max Emanuel das Licht der Welt erblickte. Der stolze Vater dankte es dem Höchsten mit der Stiftung der Theatinerkirche gegenüber der Residenz. Der Mutter ließ er etwa sieben Kilometer nordwestlich des Stadtschlosses eine Sommervilla bauen, den heutigen Mittelbau – zu ihrer besonderen Freude von Baumeistern aus ihrer italienischen Heimat.

Max Emanuel und nachfolgende Generationen bauten Nymphenburg zu einem herrlichen Barockschloß aus. Es ist von einem Park umgeben, den Götterfiguren, Feen und Faune bevölkern. Und viel Volk: Im Winter wird Eisstock geschossen und Schlittschuh gelaufen, wo im Sommer Enten und Schwäne auf den symmetrisch angelegten Wasserflächen gleiten. Es gehört dazu, daß man sich im Irrgarten aus raffiniert gezogenen Heckenbahnen verläuft oder sich an der Kaskade am Ende des Mittelkanals Wasserschleier übers Gesicht wehen läßt.

Schlößchen für alle Zwecke

Im Schloßpark entstanden weitere Lustschlößchen. Die Badenburg am Großen See gilt als das älteste beheizbare Hallenbad Europas nach der Römerzeit. Hier planschten einst Kurfürsten mit ihren Mätressen. Die Pagodenburg am Kleinen See ist ein eleganter Teepavillon. Reinstes, höchst sehenswertes Rokoko zeigt das Jagdschlößchen Amalienburg.

Und nur scheinbar ist die Magdalenenklause eine Ruine: In der künstlichen Ruine verbergen sich eine Grottenkapelle und vier zellenartige Wohnräume, in die sich Kurfürst Max Emanuel als alter Mann zu Gebet und Meditation zurückzog.

Zerbrechliche Träume

Handgemalte Blumen in zarten Farben prangen auf goldrandigen Tassen und Tellern. Dünn wie Strohhalme sind die elegant geschwungenen Henkel und Griffe. Im Nördlichen Schloßrondell von Nymphenburg befindet sich seit 1761 die Staatliche Porzellanmanufaktur. Hier werden die bayerischen Löwen

△ Oktoberfest: In den riesigen Bierzelten der Münchner Brauereien … … werden Jahr für Jahr rund 5,5 Millionen Liter Bier ausgeschenkt ▽

Kraftakt mit einem Lächeln: Die ›Zenzis‹ leisten Schwerstarbeit ▽

Auch die Lebkuchenherz-Bäcker machen ihr Geschäft ▽

Oktoberfest-Panorama: Die Anziehungskraft ist ungebrochen

hergestellt, die der Ministerpräsident im Ausland so gerne verschenkt. Und es scheint, als seien Schloßpark und Botanischer Garten mit Blütenpracht, Skulpturen, Fontänen und Wasserläufen ›en miniature‹ auf die kostbaren Geschirre und Vasen in den Ausstellungsräumen über dem Marstallmuseum im Südflügel gebannt. Das Museum ›Mensch und Natur‹ im Nordflügel behandelt die Geschichte der Erde und Natur sowie die Entwicklung der Tiere und Menschen, eine spielerische Naturkunde – nicht nur für Kinder.

Kaffeetrinken unter Palmen

Nach dem Spaziergang durch die Farnschlucht oder den Rhododendronhain, vorbei an seltenem Getreide-, Gewürz- und Arzneipflanzen oder Obstgehölzen, schmeckt ein Kaffee besonders gut. Das ›Café im Palmenhaus‹ im Botanischen Garten ist auch ein Geheimtip für das Winterhalbjahr, wenn man Nieselregen oder Schneematsch satt hat. Die frisch aufgebrochenen Blätter der Bananenstauden leuchten grün, aus Astgabeln wachsen Orchideen, und Schraubenpalmen winden sich hoch bis unters gewölbte Glasdach. Ein Kuchen aus tropischen Früchten mit frischen Kokosraspeln gaukelt dann einen Hauch von Sommer vor.

Bavaria schaut auf Therese

Die Dame auf der Anhöhe am Rande der Theresienwiese heißt Bavaria; sie steht auf einem Sockel, wiegt 1560 Zentner und trägt Bärenfell. Über 130 Stufen einer Wendeltreppe führen zu den schmalen Sehschlitzen im Kopf, und vor allem während des Oktoberfestes drängeln sich täglich Tausende, um von dort auf das Festgetümmel zu schauen. Eingerahmt wird die Figur aus Erz, zu ihrer Zeit die größte je gegossene Statue, von der Ruhmeshalle, in deren Giebeln Allegorien der alten Landesteile Bayern, Rheinpfalz, Schwaben und Franken zu sehen sind. In der Halle: die inzwischen 90 Marmorbüsten für die ›Edelsten und Besten‹ aus dem bayerischen Volke. König Ludwig I. gab den Auftrag für diesen ›Tempelbezirk der Romantik‹ als bayerisches Pendant zur Walhalla an der Donau bei Regensburg, in

△ Wunderschöner alter Baumbestand im Hirschgarten, … … dessen Biergarten ein beliebter Treffpunkt ist ▽

△ Farbenpracht im ›Neuen‹ Botanischen Garten von 1914

△ Dem Botanischen Institut gegenüber liegt ein Café, im Sommer lockt dessen Terrasse, im Winter sitzt man innen unter Palmen

△ Fast 500000 Bände stark ist die Internationale Jugendbibliothek hinter den mittelalterlichen Mauern von Schloß Blutenburg ▽

der besonders verdiente Deutsche versammelt sind.
Könnte man der Bavaria aus dem Hinterkopf schauen, würde man auf das ›Europäische Verkehrsmuseum‹, eine Zweigstelle des Deutschen Museums, schauen.

Vom ›Maß-Halten‹ im Bierzelt

Am 17. Oktober 1810 ergötzten sich die Münchner vor den Toren der Stadt an Pferderennen und anderen ›Veranstaltungen zur Volksbelustigung‹. Programmpunkte aus Anlaß der glanzvoll gefeierten Hochzeit von Kronprinz Ludwig, dem späteren König Ludwig I., mit der Sachsenprinzessin Therese. Die Wiese, auf der alles begann, nannte man fortan der Braut zu Ehren Theresienwiese, und die jährlich zum Jubeltag wiederholten Belustigungen waren die Anfänge des Oktoberfestes, der ›Wies'n‹.
Mit Maßhalten hat das ›Maß halten‹ der Besucher auf dem Oktoberfest von heute bekanntlich nichts zu tun: Innerhalb von zwei Wochen werden weit über fünf Millionen Maß Bier von je einem Liter Inhalt getrunken. Dazu werden Tonnen von Rettich, 80 Ochsen, 700000 Brathähnchen und unzählige Brez'n und Würstchen – mit und ohne Kraut – an den Mann und die Frau gebracht.
50 Euro gibt im Durchschnitt jeder Festbesucher aus – unter anderem auch für Fahrten mit atemberaubenden Karussells, die so viele Schrauben und Loopings absolvieren, daß man schon einen guten Magen braucht ... Knapp 700 Betriebe finden Platz auf der 31 Hektar großen Theresienwiese. Die sechs großen Bierzelte der Münchner Traditionsbrauereien ebenso wie die Haxenbrater, der ›Vogeljakob‹, die Kinderkarussells und Schießbuden.
In den großen Bierzelten, wo die Blasmusik die Stimmung anheizt, haben große Firmen ihre festen Tische schon Jahre im voraus reserviert für ihre Gäste aus aller Welt. Der normale Besucher findet meistens nur noch am Vormittag leicht einen freien Sitzplatz in einem der ›Trinktempel‹. Ansonsten muß auf den Holzbänken an den langen Biertischen eben noch etwas enger zusammengerückt werden. Das ist zumindest kontaktfördernd.

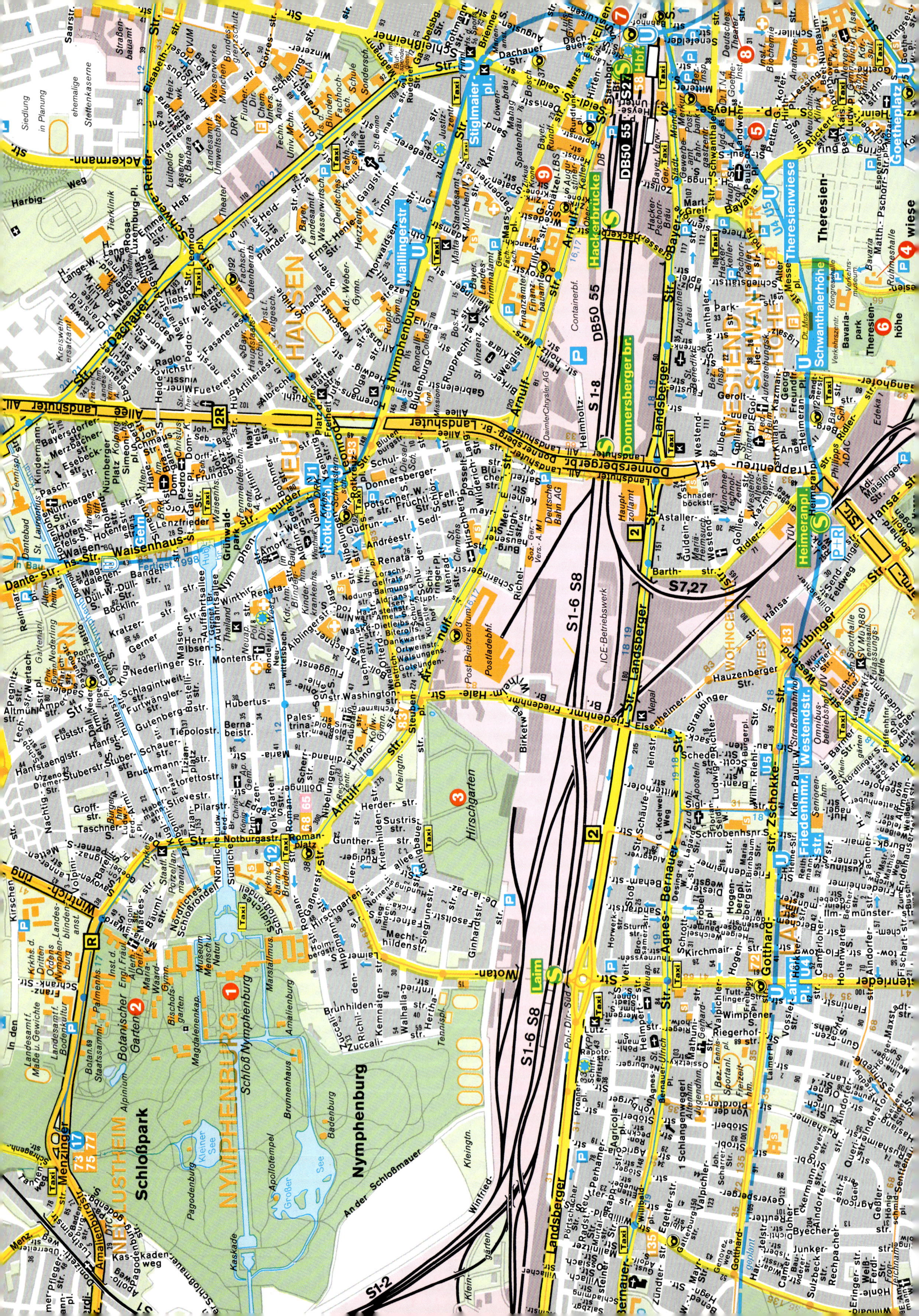

Schloßpark
NYMPHENBURG
Schloß Nymphenburg
Nymphenburg
NEULUSTHEIM
Botanischer Garten
Großer See
Kleiner See
Badenburg
Pagodenburg
Amalienburg
Apollotempel
Magdalenenkap.
Hirschgarten
NEUHAUSEN
WESTEND
SCHWANTHALERHÖHE
Theresienwiese
Theresienhöhe
Bavaria
Landsberger Str.
Donnersbergerbr.
Hackerbrücke
Hbf.
Arnulfstr.
Landshuter Allee
Nymphenburger Str.
Romanplatz
Rotkreuzpl.
Maillingerstr.
Stiglmaierpl.
Goetheplatz
Heimeranpl.
Laim
Wotanstr.
Friedenheimer Str.
Agnes-Bernauer-Str.
Gotthardstr.
Fürstenrieder Str.
Deutsche Bahn AG
Postladebhf.
ICE-Betriebswerk
Containerbf.
S1-6 S8

Wo gibt es was?

Nadelnummer = Textnummer

Nymphenburg ① – ②

Die Verbindung von Architektur und Gartengestaltung macht *Schloß Nymphenburg* ① zu einem Gesamtkunstwerk von europäischem Rang.

Ab 1664 entstand der Mittelbau des Wittelsbacher Sommerschlosses. Für den Innenausbau (ab 1673) wurde Enrico Zuccalli verpflichtet. Ab 1714 ging es mit dem Bau im großen Stil weiter (Viscardi, Effner). Es entstanden die Galerien auf den Arkaden und, angefügt, die vier seitlichen Pavillons. Schließlich kamen im Süden der Marstall, im Norden die Orangerie hinzu. Mittelpunkt des Schlosses ist der Steinerne Saal, eine Glanzleistung höfischen Rokokos. Maler und Stukkateur Johann Baptist Zimmermann schuf hier sein letztes großes Werk; andere Säle gestaltete der Architekt François Cuvilliés d. Ä. Mehrere Räume zeigen Schönheitengalerien, am bekanntesten sind die 36 Portraits junger Münchnerinnen aller Schichten von König Ludwig I. im Südtrakt.

Der 200 ha große **Schloßpark** wurde ab 1715 von dem Franzosen Dominique Girard zu einem großartigen Barockgarten mit geometrischen Wegen, zahlreichen Teichen und Wasserläufen ausgebaut. Friedrich Ludwig von Sckell schuf Anfang des 19. Jh. den englischen Landschaftsgarten; erhalten blieb das Große Parterre vor dem Hauptschloß samt Mittelkanal, der nach 700 m von der Marmorkaskade abgeschlossen wird.

Im Park entstanden nach und nach folgende **Lustschlößchen**: die als Teepavillon 1716/19 errichtete ›Pagodenburg‹, die ›Badenburg‹ (1718/21), als Badeschlößchen (mit Festsaal und fürstlichem Swimmingpool) für Max Emanuel erbaut, und die ›Magdalenenklause‹ (1725/28), eine Scheinruine, in der sich eine Kapelle verbirgt. Als letztes kam die ›Amalienburg‹ dazu, ein zauberhaftes Jagdschlößchen erbaut von François Cuvilliés (1734/35).

Bemerkenswert im Marstallmuseum (Prunkwagen, Schlitten, Kutschen, Sänften) ist die Nymphenburger Porzellansammlung Bäuml. Sie dokumentiert die Produktion der 1747 gegründeten Porzellanmanufaktur. Im Nordflügel: Museum ›Mensch und Natur‹, (tgl. 9–17, mo geschl.).

Öffnungszeiten: Schloß, Marstallmuseum und Nymphenburger Porzellansammlung Bäuml, Amalienburg, Badenburg, Pagodenburg und Magdalenenklause: tgl. 10 bis 16 Uhr.

Kleinere **Parkbauten** sind das Vogelhaus (1757, François Cuvilliés d. Ä.) und die Kleine Kaskade (1768, Cuvilliés), beide im Südlichen Kabinettsgarten; das ›Dörfchen‹, zu Wohnzwecken rund um das Pumpenhaus gebaut, von dem aus bis heute die Fontäne im Gartenparterre betrieben wird; Kronprinzengarten mit Holz-Pavillon (1799, Friedrich Ludwig von Sckell); Monopteros auf einer Landzunge des Badenburger Sees (1862/65, Leo von Klenze); das Palmenhaus (1830) besaß einst die erste Warmwasserheizung Deutschlands.

Im Norden des Nymphenburger Parks entstand vor dem Ersten Weltkrieg ein *Neuer Botanischer Garten* ②, Menzinger Str. 65 (tgl. 9–19, Gewächshäuser 9–11.45, 13 bis 18.30 Uhr). Er gehört zum Lehr- und Forschungsbetrieb der Ludwig-Maximilians-Universität. Im Schmuckhof vor dem Institutsgebäude: bemerkenswerte Majolika-Figuren von Josef Wackerle (1936).

Unter Bougainvilleen und Rhododendren ist im ›Café Botanischer Garten‹ ganzjährig Sommer.

Die Ursprünge von *Schloß Blutenburg* (außerhalb des Kartenausschnitts; rund 3 km westl. vom Botanischen Garten) in Obermenzing gehen bis ins 13. Jh. zurück, doch das ehemalige Jagd- und Lustschloß der bayerischen Herzöge ist vor allem im 15. Jh. entstanden.

Besonders schön: Schloßkapelle Zur Heiligsten Dreifaltigkeit (1488, Hans Trager) mit spätgotischer Ausstattung. Ein unbekannter Meister schuf um 1500 den ›Blutenburger Apostelzyklus‹ (tgl. 9–17, Okt. bis März 10–16 Uhr).

Malerisch an der Würm gelegen, beherbergt die Blutenburg heute die Internationale Jugendbibliothek mit 500 000 Bänden Kinder- und Jugendliteratur in über 15 Sprachen (mo–fr 14–18 Uhr, fei geschl, James-Krüss-Turm, Lesemuseum, di–so 14–17 Uhr).

Hirschgarten ③

Der 27 ha große Park mit Wildgehege wurde 1780 unter Kurfürst Karl Theodor eingezäunt und der Bevölkerung geöffnet. Durch die Hirschgartenallee mit Nymphenburg verbunden.

Von 1791 stammt das Jägerhaus, mit beliebtem Biergarten (tgl. 11–24 Uhr). 1890 wurde hier auch der ›Volksgarten‹ eröffnet. Spielgeräte, Grillplätze, Gartenschach, Eisstockbahnen und ein Rodelhügel machen den Hirschpark zu einer Ganzjahres-Attraktion.

Rund um den 22. Juli findet im Park eine Woche lang die Magdalenendult statt.

Theresienwiese ④ – ⑥

Eine *Ruhmeshalle* für die ›verdienten und besonders ausgezeichneten‹ Bayern ließ König Ludwig I. 1843/53 von Leo von Klenze errichten. Derzeit sind die Marmorbüsten von 90 bayerischen Persönlichkeiten dort vereint.

Das davor aufgestellte Standbild aus Erz der *Bavaria* ④ hat Ludwig Schwanthaler modelliert und 1844–1850 in der Erzgießerei des Johann Baptist Stiglmair gegossen. Die gewaltige Statue wiegt 1560 Zentner und war bei ihrer Entstehung das größte Standbild, das je gegossen wurde. 130 Stufen führen in den Kopf der Bavaria (tgl. 9–18, do bis 20 Uhr; während des Oktoberfestes tgl. 10–20 Uhr, Ruhmeshalle dann allerdings geschl.).

Auf der Theresienwiese findet Ende Sept./Anf. Okt. das **Oktoberfest** statt. Es ist das größte Volksfest der Welt. Rund 12 000 Menschen sind mittlerweile auf ›der Wies'n‹ für die rund 6,5 Mill. Besucher beschäftigt. Das Oktoberfest stellt für die Stadt einen Wirtschaftswert von rund einer Milliarde Mark dar. Die ›Maß‹ Bier (ein Liter) hat 1996 die 5-Euro-Schallgrenze überschritten.

Zum Rahmenprogramm gehören der Einzug der Festwirte und Brauereien, angeführt vom ›Münchner Kindl‹ hoch zu Roß, und der Trachten- und Schützenumzug am ersten Oktoberfest-Sonntag. Alle Festkapellen mit insgesamt 400 Musikern treffen sich am zweiten Wies'n-Sonntag zum festlichen Platzkonzert.

Nur während des Oktoberfestes ist auch einer der Türme der *Paulskirche* ⑤ zugänglich (mo–sa 15–18 und 19.30 bis 21, so 12–16 und 18–21 Uhr). Die Pfarrkirche der sogenannten Ludwigvorstadt wurde 1892/1906 von Georg Hauberrisser, dem Architekten des Neuen Rathaus, als neugotische, dreischiffige Basilika erbaut.

Hinter der Bavaria: Hier entsteht das ›Europäische Verkehrsmuseum‹ ⑥, eine Zweigstelle des Deutschen Museums, mit alten Autos, Motorrädern und allem, was dazugehört und mit Verkehr zu tun hat.

Am Hauptbahnhof ⑦ – ⑨

Der *Hauptbahnhof* ⑦ ist ein Kopfbahnhof mit 36 Fernbahn-Gleisen. Es besteht eine regelmäßige Direktverbindung zum Franz-Josef-Strauß-Flughafen im Erdinger Moos mit S-Bahn (S 1 und S 8, von der Innenstadt aus alle 40 Min.) oder Airport-City-Bus (ab Hbf. Arnulfstr. 1, Abfahrt 5.10 Uhr, dann alle 20 Min., letzte Abfahrt 19.50 Uhr).

Der Starnberger und der Holzkirchner Bahnhof sind Flügelbahnhöfe des Hauptbahnhofs.

In der Schwanthaler Straße 13 ist das für seine Musicalaufführungen bekannte *Deutsche Theater* ⑧ (internet: www.deutsches-theater.de, Ticket-Service Tel. 089/55234444) zu finden, das außerdem eine Faschingshochburg ist.

Auf dem Marsfeld (Marsstr. 34) steht der *Circus-Krone-Bau* ⑨, das Winterquartier des heute größten europäischen Zirkus'. Seit 1919 gibt es einen festen Zeltbau. Das jetzige Gebäude von 1962 hat 2500 Plätze. Von Dez. bis März regelmäßig Zirkus-Vorstellungen. Ist der Zirkus auf Reisen, finden hier Pop-Konzerte, Sport- und Parteiveranstaltungen statt.

Vor dem Zirkus-Haus erinnert eine Bronzeplastik an den 1983 verstorbenen legendären Clown ›Charlie‹ Rivel.

Maßstab 1:20.000

0 200 400 600 800 1.000 m

Der Starnberger See, hier bei Seeshaupt, mißt 57 Quadratkilometer und ist damit das größte Gewässer im Fünf-Seen-Land, gefolgt von Ammer-, Wörth-, Pilsen- und dem kleinen Weßlinger See.

Ausflüge ins Münchner Umland

Zum Charme Münchens trägt zu einem Gutteil sein Umland bei. In S-Bahnnähe liegen Starnberger See und Ammersee, laden Klöster zu besinnlicher Einkehr, bietet Schleißheim hochkarätige Schlösserpracht. Wer es bayerisch und bodenständig mag, sollte eine Fahrkarte lösen nach Dachau im Norden oder Wolfratshausen im Süden.

△ Der Starnberger See ist ein Paradies für Wasservergnügen jeder Art …

… nur leise muß es sein: Motorbootfahrer brauchen eine – schwer zu erhaltende – Sondergenehmigung ▽

Nach dem Kartenverkauf geht's los: Drei Stunden dauert eine Starnberger-See-Rundfahrt ▽

△ St. Andreas lugt über die Dächer von Wolfratshausen

Kloster Schäftlarn: neu erbaut Anfang des 18. Jahrhunderts ▽

In Peipinbach am Isarufer war es, wo Priester Waltrich Anno Domini 760 ein Benediktinerkloster gründete. Schon zwei Jahre später konnte die Klosterkirche St. Dionysius geweiht werden. Den Namen des Ortes kennt niemand mehr, denn seit Menschengedenken heißt das in vielen Jahrhunderten gewachsene, zerstörte und wiederaufgebaute, abgebrannte und neu errichtete, immer mehr erweiterte Kloster Schäftlarn. Die Klosterkirche ist immer noch St. Dionysius geweiht, hat aber als weibliche Schutzpatronin die heilige Juliana dazubekommen. Wer brav die prachtvolle Klosterkirche besucht – an der fast alle mitgearbeitet haben, die im Barock Rang und Namen hatten –, darf sich anschließend im beschaulichen Biergarten oder im ›Klosterbräu-Stüberl‹ ausruhen.

Von der Isar an den See

Ein Stück weiter isaraufwärts liegt Wolfratshausen, ein alter Marktort, den bis 1734 eine Burg bewachte. Die Hauptstraße in schöner oberbayerischer Bebauung markiert die Ausmaße des einstigen Straßenmarkts und heißt folglich Unter- und Obermarkt. Noch heute wird gern in Wolfratshausen eingekauft, und am Samstagvormittag scheint jeder aus Stadt und Land hier seine Erledigungen abhaken zu müssen.

Doch dann kehrt Ruhe ein; zumindest im Sommer trifft man sich wenig später am Starnberger See wieder. 57 Quadratkilometer reine, kühle Wasserfreuden – und relativ ruhig ist es auch, dank Motorbootverbot. Nichtsegler können Elektrobötchen mieten.

Fünf Seen vor der Haustür

Das schlichte Kreuz im blauen Wasser und eine Votivkapelle markieren bei Berg am Starnberger See die Stelle, an der König Ludwig II. am 13. Juni 1886 auf rätselhafte Weise den Tod fand. Der ›Fürstensee‹, wie man zum 21 Kilometer langen Starnberger See auch sagt, ist von seinem Westufer aus nur zehn Autominuten entfernt vom ›Bauernsee‹, wie der Ammersee manchmal genannt wird.

Dazwischen liegen – beschaulich, ruhig, lieblich – der Wörth-, Pilsen-

△ Sommerliches Segelvergnügen auf dem Ammersee

△ Berühmt ist der Biergarten von Kloster Andechs

△ Gartenfront des Neuen Schlosses in Schleißheim

Hübsche Rokoko-Kirche: Mariä Himmelfahrt in Dießen ▽

Therme in Erding ▽

△ An der Seeuferpromenade in Herrsching beginnt die Ammersee-Dampferrundfahrt mit dem Oldtimer

›Schwedenspiele‹ in Erding ▽

und Weßlinger See. Wassersport wird großgeschrieben im Fünf-Seen-Land. Aber auch ohne Segelboot oder Surfbrett kann man über die beiden großen Seen schippern: mit den Liniendampfern der Weiß-Blauen Flotte.

Wallfahrt nach Andechs

Bayerns ›Heiliger Berg‹ erhebt sich in S-Bahnnähe: Von Herrsching aus erklimmen ihn die Großstädter am Wochenende mit Kind und Kegel durch das romantische Kiental. Schon im 10., dann wieder im 14. Jahrhundert hat es Wallfahrten hierher zu kostbaren Reliquien gegeben. Folge war die Gründung des Chorherrenstifts, der heutigen Benediktiner-Abtei.

Wer den Weg bis nach oben geschafft hat, wird mit einem wunderbaren Ausblick, einer herrlichen barocken Klosterkirche und – so es ihn danach verlangt – mit dem vielgerühmten Andechser Doppelbock (Starkbier) belohnt.

Dachau und Schleißheim

Dem so solide und altbayerisch wirkenden Dachau sieht man nicht an, daß sich hier am Ostrand des Dachauer Mooses Ende des 19. Jahrhunderts eine illustre Schar bayerischer Maler einfand, ja, es gab eine richtige Künstlerkolonie. Ein Renaissance-Schloß hat Dachau auch noch zu bieten – zumindest einen erhaltenen Flügel.

Dagegen prunkt Schleißheim gleich mit drei Schlössern: Das Alte ist ein klassisches Herrenhaus aus dem 16. Jahrhundert. Das Neue Schloß besticht durch üppigen süddeutschen Barock. Und wenn man durch das gepflegte Gartenparterre des Schloßparks schlendert, am von Hecken und Rabatten bestandenen Mittelkanal entlang, taucht als Pendant zum 300 Meter langen Hauptschloß aus prächtigem Blumenschmuck das ganz in zartem Gelb und Weiß gehaltene Schloß Lustheim auf, eine von Wasser umschlossene romantische ›Insel der Glückseligkeit‹. So genannt von Kurfürst Max Emanuel, der sie seiner ersten Frau Maria Antonia zur Hochzeit schenkte. So wartet München zum Abschluß noch einmal mit ganz großer fürstlicher Baukunst auf.

MÜNCHEN
MOOSBURG a.d. Isar
FREISING
ERDING
DACHAU
AICHACH
FÜRSTENFELDBRUCK
Olching
Germering
Puchheim
Karlsfeld
Unterschleißheim
Oberschleißheim
Garching b. München
Ismaning
Neufahrn b. Freising
Unterföhring
Markt Schwaben
Poing
Parsdorf
Haar
Vaterstetten
Zorneding
Kirchseeon
EBERSBERG
GRAFING
Unterhaching
Taufkirchen
Ottobrunn
Neubiberg
Putzbrunn
Hohenbrunn
Oberhaching
Grünwald
Pullach i. Isartal
Gräfelfing
Planegg
Gauting
Krailling
Unterpfaffenhofen
Gilching
STARNBERG
Feldafing
Tutzing
Pöcking
Herrsching a. Ammersee
Andechs
Dießen a. Ammersee
WEILHEIM i. OB.
Peißenberg
PENZBERG
WOLFRATSHAUSEN
GERETSRIED
Holzkirchen
Sauerlach
Otterfing
BAD TÖLZ
Lenggries
Bad Wiessee
TEGERNSEE
Rottach-Egern
Schliersee
Hausham
MIESBACH
BAD AIBLING
KOLBERMOOR
Kochel a. See
Kochelsee
Walchensee
Staffelsee
Murnau
Bad Kohlgrub
Oberammergau
Ohlstadt
Starnberger See
Ammersee
Flughafen München
Achenpaß
Ursprungpaß
Wendelstein
Deutsche Alpenstraße
Ebersberger Forst
Hofoldinger Forst
Forstenrieder Park
Kreuzlinger Forst
Seefelder Wald
Erdinger Moos
Dachauer Moos
Speichersee
1
2
3
4
5
6
7
8
9
10
11
12
13
14

Wo gibt es was?

Fähnchennummer = Textnummer ⓘ = Auskunft

Grünwald, Schäftlarn ①–②

Bevorzugter, grüner Villenvorort am südlichen Stadtrand (Straßenbahn). Die *Burg Grünwald* ①, Zeillerstr. 3, ist 1293 von Herzog Ludwig dem Strengen errichtet und im 15. Jh. um- und ausgebaut worden. Innen zeigt ein Zweigmuseum der Prähistorischen Staatssammlung Exponate zu Vor- und Frühgeschichte sowie Römerzeit. Aussichtsplattform im Nordostturm (15. März–30. Nov. mi–so 10 bis 16.30 Uhr, im Winter geschl.), Tel. 089/6413218.

20 km südlich der Stadt (S 7 bis Ebenhausen-Schäftlarn) liegt die Benediktinerabtei *Schäftlarn* ② mit einer wunderschönen Rokoko-Klosterkirche (Weihe 1760). Die Klostergaststätte mit Biergarten ist beliebtes Ausflugsziel.

ⓘ Gemeindeverwaltung, 82069 Schäftlarn, Tel. 08178/93030.

Wolfratshausen ③

In der ›Flößerstadt‹ (S 7) am Zusammenfluß von Loisach und Isar starten die feuchtfröhlichen Gesellschaftsfahrten durchs Isartal Richtung München. Die Stadtpfarrkirche St. Andreas wurde um 1650 wiederaufgebaut und neu ausgestattet. Am Ober- und Untermarkt typische oberbayerische Giebelhäuser.

ⓘ Stadtverwaltung, Marienplatz 1, 82515 Wolfratshausen, Tel. 08171/2140.

Starnberger See ④–⑦

Von München aus erreichbar mit der S 6; das Ticket ›Weiß-Blaue-Kombikarte‹ gilt sowohl für die S-Bahn als auch für die von Mai bis Okt. zwischen den Uferorten verkehrenden Fahrgastschiffe.

Starnberg ④: Das Schloß ist seit Anfang des 19. Jh. Amtsgebäude. Das Heimatmuseum (Lochmannshaus, Bahnhofsplatz) zeigt Früh- und Stadtgeschichte (di und so 10–12 und 14–17 Uhr). Schöne Pfarrkirche St. Joseph (um 1765, von großen Künstlern ausgestattet). Strandbäder, Wassersport und 2002 wieder (alle fünf Jahre) das Fischerstechen.

Seit 1640 steht in *Berg* ⑤ das schlichte Schloß, das 1676 Kurfürst Ferdinand Maria erwarb (nicht öffentl.). König Ludwig II. (*1845) ertrank hier auf mysteriöse Weise am 13. Juni 1886. Ein eisernes Kreuz und eine Votivkapelle erinnern daran.

Das Schloß der Hofmark *Tutzing* ⑥, heute ›Evangelische Akademie‹, stammt aus dem 16. Jh. und erfuhr bis ins 19. Jh. Erweiterungen. Der Schloßpark wurde 1869 von Hofgartenbaumeister Karl Effner im englischen Stil gestaltet. Ausflugtip: Ca. 30 km südlich liegt der Ort Murnau am Staffelsee. Besichtigenswert dort das Wohnhaus von W. Kandinsky und G. Münter (di–so 14–17 Uhr).

Feldafing ⑦: Reizvoll der Lennépark an der Tutzinger Straße. Ein Teil des Parks wurde zu einem der schönsten Golfplätze Deutschlands (18-Loch-Platz) ausgebaut. Zur Roseninsel mit einer Villa im pompejanischen Stil (nicht öffentlich) fährt ein historisches Boot (Mai–Okt. sa, so, fei).

ⓘ Tourismusverband Starnberger Fünf-Seen-Land, Postfach 1607, 82319 Starnberg, Tel. 08151/90600.

Ammersee ⑧–⑩

Der Ammersee (S 5 bis Herrsching, ›Weiß-Blaue-Kombikarte‹) ist touristisch nicht ganz so erschlossen wie der Starnberger See; der Rundweg mißt knapp 42 km. Doch aus dem Fischerdorf *Herrsching* ⑧ mit der romanischen Martins-Kirche wurde der lebendige Mittelpunkt des Ostufers. Die gepflegte Seepromenade ist der Stolz der Gemeinde; die weite Bucht bietet rund 10 km Strand.

Auf einem 5-km-Wanderweg gelangt man zum *Kloster Andechs* ⑨ auf dem ›Heiligen Berg‹. 1388 begannen die Wallfahrten zu hier aufbewahrten Reliquien. Die gotische Hallenkirche der Benediktinerabtei wurde 1753/55 von Johann Baptist Zimmermann barock umgestaltet. Im ›Wachsgewölbe‹ stehen über 250 mächtige Votivkerzen, die älteste von 1594 (tgl. 7–18 Uhr). Andechser Doppelbock in Klosterschenke und Biergarten; schöner Blick.

Die Grafen von Andechs gründeten in *Dießen* ⑩ am Südwestufer des Ammersees schon im 11. Jh. ein Augustiner-Chorherrenstift. Die heutige Pfarrkirche Mariä Himmelfahrt (1732/39) gilt als Hauptwerk des Rokoko-Baumeisters Johann Michael Fischer; die herrliche Ausstattung besorgten berühmte Künstler – u. a. J. G. Bergmüller das Deckengemälde, den ›Dießener Himmel‹. Dießen ist bekannt für seine Zinngießerwerkstätten. An den Komponisten erinnert das Karl-Orff-Museum (Hofmark 3, sa/so 14–17 Uhr).

Überall gute Wassersportmöglichkeiten; Strandbäder und Segelschulen.

ⓘ Verkehrsbüro, Rathaus, 82211 Herrsching, Tel. 08152/5227.

Dachau ⑪

Dachau (S-Bahn-Linie 2) machte im frühen 20. Jh. als Künstlerkolonie – 1893 als ›Neu-Dachau‹ gegründet – von sich reden: hier arbeiteten u. a. Wilhelm Leibl, Spitzweg und Corinth. Bezirkmuseum im Palais Minucci (Augsburger Str. 3, mi–fr 11–17, sa, so 13–17 Uhr).

Von der einstigen Vierflügelanlage des Dachauer Schlosses (16. Jh.) existiert nur noch der Festsaaltrakt. Hier finden gelegentlich Konzerte statt. Von der Schloßterrasse aus über den Barockgarten schöner Blick; leistungsfähiges Café.

Traurige Berühmtheit erlangte Dachau als Konzentrationslager des Naziregimes. Die KZ-Gedenkstätte mit Museum (Alte Römerstraße 75, di–so 9–17 Uhr, Dokumentarfilm 11 und 15 Uhr in deutsch, 11.30 und 15.30 in engl.) bietet regelmäßig Führungen an.

ⓘ Verkehrsverein, 85221 Dachau, Tel. 08131/84566.

Schleißheim ⑫

Rund ein Dutzend km nördlich des Stadtzentrums (S 1 bis Oberschleißheim) gelegene Schloßanlage. Im Alten Schloß (1617/23): eine ständige Ost- und Westpreußen-Ausstellung (di–so 10–17 Uhr) sowie Wechselausstellungen. Das Neue Schloß (1701, Enrico Zuccalli) ist als vierflügelige Barockanlage errichtet; an dem 330 m langen Prachtbau wurde mit Pausen gearbeitet, Innenausbau teilweise bis ins 19. Jh. Höchst sehenswert: Treppenhaus und Prunkräume (1. April–Ende Sept. di–so 9–18 Uhr, sonst 10–16 Uhr, mo geschl.). Im als französischer Garten angelegten Schloßpark: das Jagdschloß Lustheim (1688), das heute eine Meißener Porzellan-Sammlung präsentiert (Öffnungszeiten wie Neues Schloß).

Auf dem Gelände der ehemaligen Flugzeugwerft Oberschleißheim: Zentrum für die Geschichte der Luft- und Raumfahrttechnik, Außenstelle des Deutschen Museums (tgl. 9–17 Uhr; 2. Nov. geschl.).

ⓘ Verkehrsamt, Rathaus, 85764 Oberschleißheim, Tel. 089/3156130.

Erding ⑬

Im 8. Jh. Herzogsstadt und Königshof. Über dem Landshuter Tor erhebt sich der ›Schöne Turm‹ von 1660. Nach dem Stadtbrand (1648) erhielt die Bier- und Einkaufsstadt ihr barockes Gesicht (S-Bahn-Linie 6). Das Erdinger Rathaus, auch Grafenstock genannt, war früher die Residenz des Grafen von Preysing. Seit 1999 gibt es die ›Therme Erding‹, eine Badelandschaft der Superlative. Umgeben von unzähligen Palmen findet man türkisfarbenes Thermalwasser, aber auch heilende Schwefelquellen (mo–fr 10–23, sa, so und fei 9 bis 23 Uhr).

Zwischen Erding und der Bischofsstadt Freising wurde 1992 der neue Münchner *Franz-Josef-Strauß-Flughafen* eröffnet. Besichtigungsfahrten (S 8 bis Besucherpark): mo–do 9–12 und 13–16, fr 9–14 Uhr.

ⓘ Stadtverwaltung, 85435 Erding, Tel. 08122/4080.

Poing ⑭

Der Wildpark, 57 ha groß, wurde 1959 gegründet: heimisches Rot-, Dam-, Reh-, Muffel- und Schwarzwild lebt hier fast wie in freier Wildbahn. Wald und Naturlehrpfad. (Sommer tgl. 9–17, Winter 11–16 Uhr).

Maßstab 1:300.000
0 2,5 5 7,5 10 12,5 15km

Touristik-Informationen

Adressen

Das Fremdenverkehrsamt München – Sendlinger Straße 1, 80331 München, Tel. 089/233-0300, Fax 089/233-30233, www.muenchen-tourist.de – unterhält weitere Informationsbüros: Tourismusinformation am Hauptbahnhof, Bahnhofsplatz 2, neben DER, mo–sa 9–20, so und fei 10–18 Uhr, 24./31. 12. 9–17 Uhr, 25. 12./1. 1. geschl. Call-center: Tel. 233-30123; im Rathaus, Marienplatz 1, mo–fr 10–20, sa 10–16 Uhr, Tel. 233-0300.
Für das Umland zuständig (Unterkunft/Prospekte/Informationen): Touristik Information Münchner Umland, Marktplatz 13, 85567 Grafing, Tel. 08092-851340, Fax 08092-851341.
Fundbüro der Stadtverwaltung (für Funde auf Straßen und in städt. Verkehrsmitteln), Oetztaler Str. 17, 81373 München; mo–do 8–12, di auch 14–18.30, fr 7–12, Tel. 23300, Fundstelle der Dt. Bahn AG, Hauptbahnhof, Bahnhofspl. 2, gegenüber Gleis 26 (für Funde im Bereich der Bahn), tgl. 6.30–23.30 Uhr, Tel. 089/1308-6664, Fundbüro am Flughafen München, Zentralbereich, Ebene 03, 24 Stunden besetzt, Tel. 089/975-21370.

Behinderte

In den Büros des Fremdenverkehrsamts und beim VDK (Schellingstraße 31, 80799 München, Tel. 21170) gibt es kostenlos den ›Stadtführer für Behinderte‹.
Den Architekturführer ›München – sehen und begreifen‹ für Blinde gibt es gegen 50 € Pfand in der Tourismusinformation am Hauptbahnhof.

Camping

Jeweils geöffnet vom 15. März bis 31. Okt. sind die Plätze München-Thalkirchen, Zentralländstr. 49, Tel. 7231707, Fax 7243177 und München-Obermenzing, am Beginn der Autobahn Stuttgart, Tel. 089/8112235, Fax 8144807, Lochhausener Str. 59.

Einkaufen

Zu den typisch Münchner Geschäften gehören der königlich bayerische ›Hoflieferant‹ Dallmayr, Dienerstr. 14–15 (Delikatessen, Kaffee, Party-Service), und Feinkost-Käfer, Prinzregentenstr. 73 (Delikatessen, Party-Service).
Mode kauft ›man‹ bei Bogner, Residenzstr. 15; Ludwig Beck ›Am Rathauseck‹, Marienplatz 11; Rudolph Moshammer, Maximilianstr. 14; Hirmer, Kaufinger Str. 2, Burberrys of London, Perusastr. 1. Trachten: Loden-Frey, Maffaistr. 7–9; Die schöne Münchnerin, Petersplatz 10. Sport-Scheck, Sendlinger Str. 6, rüstet für (fast) jede Sportart aus.
Kunstgewerbe und ›Nettes vom Lande‹ gibt es bei Radspieler, Hackenstr. 4; Etcetera bietet witzig Münchnerisches, Wurzerstr. 12; Porzellan direkt ab Fabrik gibt es bei der Staatlichen Porzellan-Manufaktur Nymphenburg, Nördl. Schloßrondell 8.

Frauen

Die Tiefgarage am Gasteig (Rosenheimer Str. 5), tgl. 6.30–24 Uhr, und das Parkhaus am St.-Jakobs-Platz (Oberanger 35), mo–fr 6–24, sa 8–24 Uhr, Tel. 236060, halten gut beleuchtete und bewachte Frauenparkplätze bereit.
Service im Deutschen Museum: ›Frauen führen Frauen‹ durch verschiedene Themen (Astronomie, Energietechniken, Kraftmaschinen, Luftfahrt, Mikroelektronik, Optik etc.): Okt.–März, mi 10–11.30 Uhr; Frauenhaus München, Tel. 35483-0 (rund um die Uhr) oder 645169; Kofra (Kommunikationszentrum für Frauen), Fachbibliothek Frauen und Arbeit, Baaderstr. 30, mo–fr 16–22 Uhr, Tel. 2010450; ›Münchner Kindl‹, Altstadt Kinderstube, Burgstr. 6, Betreuung für Kinder ab 18 Monaten bis 10 Jahren, mo–fr 10–18.30 ggfls.–20, sa 10–16 Uhr, Tel. 24231600.

Jugendherbergen

DJH Jugendherberge, Wendl-Dietrich-Str. 20, Tel. 131156; DJH-Gästehaus, Miesingstr. 4, Tel. 7236560; Haus International, Elisabethstr. 87, Tel. 120060; CVJM-Jugendgästehaus, Landwehrstr. 13, Tel. 5521410; Jugendhotel Marienherberge (nur für junge Frauen zwischen 18 und 25 Jahren), Goethestr. 9, Tel. 555805; ›4you münchen‹, (ökologisches) Jugendgästehaus, aber auch Hotel für jedermann, Hirtenstr. 18, Tel. 5521660.

München	Tagestemp. max.	Nachttemp. min.	Tage mit Niederschlag	Sonnenstunden pro Tag
Januar	2°	–5°	11	2
Februar	4°	–4°	9	3
März	8°	–1°	10	4
April	13°	3°	12	5
Mai	17°	7°	13	6
Juni	20°	10°	14	7
Juli	23°	12°	11	8
August	22°	12°	12	7
September	19°	9°	9	6
Oktober	14°	5°	8	4
November	7°	0°	10	2
Dezember	3°	–3°	11	2

Durchschnittswerte Quelle: Deutscher Wetterdienst, Hamburg

Kinder und Jugendliche

Beim Fremdenverkehrsamt gibt es den ›Young People's Guide‹ für 0,5 € für junge Gäste. Attraktiv für Kinder sind der Tierpark Hellabrunn, die Bavaria-Film-Tour, das Deutsche Museum mit IMAX-Theater und Planetarium und das Zentrum für Außergewöhnliche Museen (ZAM). Weiterhin das Spielzeugmuseum im Alten Rathausturm und das Münchner Puppenmuseum. Das Kinder- und Jugendmuseum im Hauptbahnhof zeigt wechselnde Ausstellungen. Über das Kinderprogramm aller Münchner Museen informiert das Museumspädagogische Zentrum (MPZ), Tel. 2380512-0.
Das ›Münchner Theater für Kinder‹ (Dachauer Str. 46, Tel. 595454, 593858) und das ›Münchner Marionettentheater‹ (Blumenstr. 29 a, Tel. 265712, Fax 23077380, www.muenchner-marionettentheater.de) bieten Programme für die ganze Familie. In Schloß Blutenburg in München-Obermenzing ist die Internationale Bibliothek für Kinder- und Jugendliteratur (Ausleihbibliothek, Malstudio, Buchdiskussionen, Chor, kostenlose Kinderfilme), mo–fr 14–18 Uhr.

Kultur-Kalender

Neben den Ausstellungen in Museen und Galerien sowie den regelmäßigen Theater-, Konzert- oder Opernaufführungen gibt es noch eine Reihe von Kultur-Festivals: Tollwood-Kleinkunst-Festival (Juni und Dez.), Biennale (Juni, in geraden Jahren), Schwabinger Woche mit Malerei, Literatur, Theater und Musik (Juni), Filmfest München (Juni/Juli), Königsplatz-Open-Air (Juni/Juli), Opernfestspiele (Juli), Schleißheimer/Dachauer Schloßkonzerte (Juli/Aug.).
Aktuelle Termine im überall ausliegenden offiziellen Monatsprogramm des Münchner Fremdenverkehrsamtes.

Radfahren

München ist fahrradfreundlich. Das Netz von Fahrradwegen wurde auf knapp 1000 km ausgebaut, viele Fahrradstellplätze wurden eingerichtet.
In den S- und U-Bahnen dürfen Fahrräder außerhalb der Stoßzeiten (6–8.30 und 15–18.30 Uhr) mitgenommen werden. An vielen Bahnhöfen in der Stadt und im Umland kann man Fahrräder auch mieten. Genauen Überblick über das Radwegenetz und Tips für Ausflüge im ›Münchner Radlstadtplan‹ (beim Fremdenverkehrsamt, in Fahrrad- und Buchläden). Besonders beliebt sind die beschilderten Strecken durch den Englischen Garten oder entlang der Isar zu den Biergärten.
Geführte Stadtrundfahrten per Rad bieten: City Hopper Touren, Hohenzollernstr. 95, Tel. 2721131; ›Radius-Touristik‹, Rofanstr. 48, Tel. 43660383; Stattreisen München e. V., Frauenlobstr. 24, Tel. 54404230 oder

Touristik-Informationen

ALPS Mountainbike Tours GmbH, Bike-Verleih, Tengstr. 1, Tel. 542788-0.

Restaurants

Eine Auswahl
Tantris, Johann-Fichte-Str. 7, 80805 **München**, Tel. 089/3619590, Fax 3618469.
Ruhetage: mo, so; 90 Sitzplätze, Terrasse
Hauptgericht 25–40 €, Menü 55–115 €
Am Marstall, Maximilianstr. 16, 80539 **München**, Tel. 089/29165511, Fax 29165512.
Ruhetage: mo, so; 70 Sitzplätze
Hauptgericht 23–33 €, Menü 70–110 €
Königshof – L'Art de Vivre-Restaurant, Karlsplatz 25, 80335 **München**, Tel. 089/551360, Fax 55136113. 80 Sitzplätze
Hauptgericht 26–34 €, Menü 50–63 €
Nymphenburger Hof, Nymphenburger Str. 24, 80335 **München**, Tel. 089/1233830, Fax 1233852.
Ruhetag: so; 35 Sitzplätze
Hauptgericht 17–24 €
Weinhaus Neuner, Herzogspitalstr. 8, 80331 **München**, Tel. 089/2603954, Fax 266933. Ruhetag: so; 90 Sitzplätze
Hauptgericht 13– 18 €
Zum Huterer, Grützner Str. 8, 81667 **München/Haidhausen**, Tel. 089/4891287, Fax 4891497. Ruhetage: mo, so; 24 Sitzplätze
Hauptgericht 10–17 €
Zur Goldenen Gans, Planegger Str. 31, 81241 **München/Pasing**, Tel. 089/837033, Fax 8204680. 130 Sitzplätze
Ehem. Bauernhaus aus dem 17. Jh.
Hauptgericht ab 15 €
Gasthaus Sollner Hof, Herterichstr. 65, 81479 **München/Solln**, Tel. 089/7498290, Fax 7900394.
Ruhetag: sa; 140 Sitzplätze; Gartenlokal
Hauptgericht ab 10 €
Ratskeller, Marienplatz 8, 80331 **München**, Tel. 089/2199890, Fax 21998930.
Hauptgericht: 7–18 €
Wirtshaus im Grüntal, Grüntal 15, 81925 **München/Oberföhring**, Tel. 089/9984110, Fax 981867. 240 Sitzplätze
Hauptgericht 9–18 €
Gutshof Menterschwaige, Menterschwaigstr. 4, 81545 **München/Harlaching**, Tel. 089/640732, Fax 6422971. 110 Sitzplätze
Hauptgericht ca. 13 €
Literaturhauscafé Dukatz, Salvatorplatz 1, 80333 **München**, Tel. 089/2919600, Fax 29196028. 80 Sitzplätze
Hauptgericht 12–23 €
Kay's Bistro, Utzschneiderstr. 1, 80469 **München**, Tel. 089/2603584, Fax 2605526. Nur abends; 140 Sitzplätze
Hauptgericht 19–23 €
Weinstadl, Burgstr. 5, 80331 **München**, Tel. 089/22807420, Fax 22807419.
Ruhetag: so
Hauptgericht: 7–17 €
Andechser am Dom, Weinstr. 7, 80333 **München**, Tel. 089/298481, Fax 295442. 65 Sitzplätze
Hauptgericht ab ca. 13 €
Zum Franziskaner, Perusastr. 5, 80333 **München**, Tel. 089/2318120, Fax 23181244. 640 Sitzplätze
Hauptgericht 10–15 €
Augustiner Großgaststätten, Neuhauser Str. 27, 80331 **München**, Tel. 089/23183257, Fax 2605379. 450 Sitzplätze
Bierausschank seit 1328.
Hauptgericht ab ca. 14 €
Spatenhaus an der Oper, Residenzstr. 12, 80333 **München**, Tel. 089/2907060, Fax 2913054. 500 Sitzplätze
Hauptgericht ab ca. 15 €
Altes Hackerhaus, Sendlinger Str. 14, 80331 **München**, Tel. 089/2605026, Fax 2605027. 150 Sitzplätze
Hauptgericht 9–19 €
Löwenbräukeller, Nymphenburger Str. 2, 80335 **München**, Tel. 089/526021, Fax 528933. 160 Sitzplätze
Hauptgericht 4,50–21 €
Weisses Bräuhaus, Tal 7, 80331 **München**, Tel. 089/299875, Fax 29013815. 840 Sitzplätze
Hauptgericht ab ca. 9 €

Sport

Für Fußballfans: FC Bayern München und TSV München 1860 (seit 1995 1. Bundesliga) tragen Heimspiele im Olympiastadion aus (Kartenvorverkauf, München Ticket Tel. 54818181).
Tennis: Neben den Internationalen Bayerischen Tennismeisterschaften, den ›BMW open‹ (April/Mai), ist vor allem der Grand-Slam-Cup (Dez.) ein international beachtetes Großereignis, für das sich nur die besten Spieler der Herren-Weltrangliste qualifizieren.
Pferderennen finden auf der Galoppbahn Riem (Tel. 9455230) und der Trabrennbahn Daglfing statt (Tel. 9300010).
Rund um München gibt es mehr als 20 Golfclubs. In der Stadt selbst aber nur einen 9-Loch-Platz, den Münchner Golf Club in den Isarauen bei Thalkirchen (Zentralländstraße 40, Tel. 72300649).
Die Öffnungszeiten der acht Hallen- und neun Freibäder Münchens sind im Monatsprogramm des Fremdenverkehrsamts aufgeführt. Wer Sport mit Kultur verbinden möchte, besucht das ›Müllersche Volksbad‹, Rosenheimer Straße 1, mit seinem Jugendstil-Ambiente (Tel. 2361-3434).
Im Eislaufzelt des Olympiaparks (werktags 13–22, sa/so und in den Schulferien 10–22 Uhr) stehen im Sommer 2800 qm Fläche mit einem 80-Meter-Hindernisparcours für Skateboarder und Inline-Skater zur Verfügung (Info Tel. 3067-2150).
Im Olympia-Eisstadion findet auch im Sommer Eislauf statt (Info über Laufzeiten Tel. 30672150). Weitere (Winter-) Eislaufmöglichkeiten: Eisbahn West und Ostpark (Laufzeiten im Monatsprogramm des Fremdenverkehrsamtes). In schneereichen Wintern sind in allen Parks Loipen gespurt.

Übernachtungen

Eine Auswahl
Hotel Rothof Garni, Denninger Str. 114, 81925 **München/Bogenhausen**, Tel. 089/9100950, Fax 915066.
37 Zimmer; EZ 114–150 €, DZ 150–190 €
Renaissance, Theodor-Dombart-Str. 4, 80805 **München**, Tel. 089/360990, Fax 360996900. Solarium; Sauna; Whirlpool.
174 Zimmer, 87 Suiten
EZ 93–250 €, DZ 93–250 €
Hotel Heigl, Bleibtreustr. 15, 81479 **München/Solln**, Tel. 089/7498370, Fax 7900971. Golfplatz; 38 Zimmer
EZ 60–90 €, DZ Von 135–113 €
Carmen Top International Hotel, Hansastr. 146, 81373 **München/Sendling**, Tel. 089/7431410, Fax 743141428. 63 Zimmer
EZ: 75–200 €, DZ 92–245 €
Mandarin Oriental, Neuturmstr. 1, 80331 **München**, Tel. 089/290980, Fax 222539. 53 Zimmer, 20 Suiten
EZ 235–295 €, DZ 340–375 €,
Suiten 440–1150 €
Kempinski Hotel Vier Jahreszeiten, Maximilianstr. 17, 80539 **München**, Tel. 089/21250, Fax 21252000.
266 Zimmer, 50 Suiten
EZ 220–370 €, DZ 260–410 €,
Suiten 495–975 €
Bayerischer Hof, Promenadeplatz 2–6, 80333 **München**, Tel. 089/21200, Fax 2120906. 428 Zimmer, 45 Suiten
EZ 210–138 €, DZ 290–368 €
Königshof L'Art de Vivre Residenz, Karlsplatz 25, 80335 **München**, Tel. 089/551360, Fax 55136113.
80 Zimmer, 10 Suiten
EZ 195–218 €, DZ 235–313 €,
Suiten 340–660 €
Hilton München Park, Am Tucherpark 7, 80538 **München**, Tel 089/38450, Fax 38452588. 479 Zimmer, 16 Suiten
EZ 175–299 €, DZ 215–335 €,
Suiten 450–1250 €
ArabellaSheraton Grand Hotel, Arabellastr. 6, 81925 **München**, Tel. 089/92640, Fax 916877. 613 Zimmer, 31 Suiten
EZ 175–245 €, DZ 200–290 €
Das Palace, Trogerstr. 21, 81675 **München**, Tel. 089/419710, Fax 41971819.
65 Zimmer, 6 Suiten
E 135–255 €, DZ 180–255 €,
Suiten 225–1000 €
Excelsior, Schützenstr. 11, 80335 **München**, Tel. 089/551370, Fax 55137121.
109 Zimmer, 4 Suiten
EZ 150–165 €, DZ 195–220 €,
Suiten 235–280 €
Admiral Garni, Kohlstr. 9, 80469 **München**, Tel. 089/216350, Fax 293674.
33 Zimmer
EZ 110–170 €, DZ 140–200 €
Daniel Garni, Sonnenstr. 5, 80331 **München**, Tel. 089/548240, Fax 553420.
101 Zimmer
EZ 71–250 €, DZ 96–275 €

Touristik-Informationen

Concorde Garni, Herrnstr. 38, 80539 **München**, Tel. 089/224515, Fax 2283282. 69 Zimmer, 2 Suiten
EZ 90–150 €, DZ 123–175 €
Carathotel Garni, Lindwurmstr. 13, 80337 **München**, Tel. 089/230380, Fax 23038199. 70 Zimmer
EZ 102–178 €, DZ 133–198 €
Blutenburg Garni, Verdistr. 130, 81247 **München/Obermenzing**, Tel. 089/8912420, Fax89124242. 19 Zimmer
EZ 50–65 €, DZ 70–90 €
Ambient Hotel Colina Garni, Stemplinger Anger 20, 81737 **München/Neuperlach**, Tel. 089/627010, Fax 62701160.
Sauna; 73 Zimmer, 8 Appartements
EZ 55–115 €, DZ 75–145 €
Ibis Nord, Ungerer Str. 139, 80805 **München**, Tel. 089/360830, Fax 363793. Fahrradverleih. 138 Zimmer
EZ 124–110 €, DZ 92–110 €
Wallis Garni, Schwanthalerstr. 8, 80336 **München**, Tel. 089/5490290, Fax 54902928. 54 Zimmer, 2 Suiten
EZ 120–125 €, DZ 80–155 €
Müller Garni, Fliegenstr. 4, 80337 **München**, Tel. 089/2323860, Fax 268624. 44 Zimmer
EZ 69–104 €, DZ 79–149 €
Marriott München Airport, Alois-Steinecker-Str. 20, 85354 **Freising**, Tel. 08161/9660, Fax 9666281. Fitnessraum; Sauna; Hallenbad. 252 Zimmer, 17 Suiten
EZ 100–200 €, DZ 100–200 €
Central, Münchner Str. 46 a, 85221 **Dachau**, Tel. 08131/5640, Fax 564121. 44 Zimmer
EZ 123–98 €, DZ 98–133 €
Thalhammer Garni, Sauerlacher Str. 47 d, 82515 **Wolfratshausen**, Tel. 08171/42190, Fax 421950. Fahrradverleih; Solarium; Sauna. 23 Zimmer, 2 Appartements
EZ 48–63 €, DZ 70–88 €

Veranstaltungen

Hauptattraktion ist das Oktoberfest, alljährlich zwei Wochen Ende Sept./Anfang Okt. auf der Theresienwiese. Es ist das größte Volksfest der Welt.
Dreimal im Jahr präsentiert sich vor der Mariahilfkirche in der Au die ›Auer Dult‹ (auch mit Geschirr-, Trödel- und Antiquitätenmarkt): auf die Maidult folgt die Jakobidult (Juli/August) und in der zweiten Oktoberhälfte die Kirchweihdult.
Vom 7. Januar bis Aschermittwoch dauert der Fasching. Höhepunkte sind ›München narrisch‹ am Faschingssonntag (13 bis 16 Uhr), wenn sich der ›Gaudi-Wurm‹ durch Fußgängerzonen der Innenstadt windet, sowie der Fastnachtsdienstag mit dem Tanz der Standlfrauen auf dem Viktualienmarkt. Nur alle sieben Jahre (wieder 1998) führen Mitglieder der Böttcherinnung in der Faschingszeit den Schäfflertanz auf.
Im März beginnt die Starkbierzeit, im Mai wird in den Brauerei-Gaststätten der Maibock angestochen. Am letzten Juli-Wochenende ist Seefest am Hinterbrühler See. Der Christkindlmarkt (im Dezember auf dem Marienplatz in der Neuhauser- und Rosenstraße und vor der Frauenkirche) beschließt den Jahreskreis.

Verkehr

München-Besucher fahren in der Stadt am besten mit der Tages- oder 3-Tage-Karte des MVV. Die Tageskarte gilt ohne Einschränkungen vom Zeitpunkt der Entwertung bis 6 Uhr morgens am nächsten Tag, die 3-Tage-Karte entsprechend länger. Es gibt die Karten für Einzelbenutzer (Singlekarte) und für Kleingruppen und Familien (Partnerkarte).
Praktisch sind die Auskunftsautomaten des MVV im Flughafen und im Kundencenter, Untergeschoß Marienplatz.

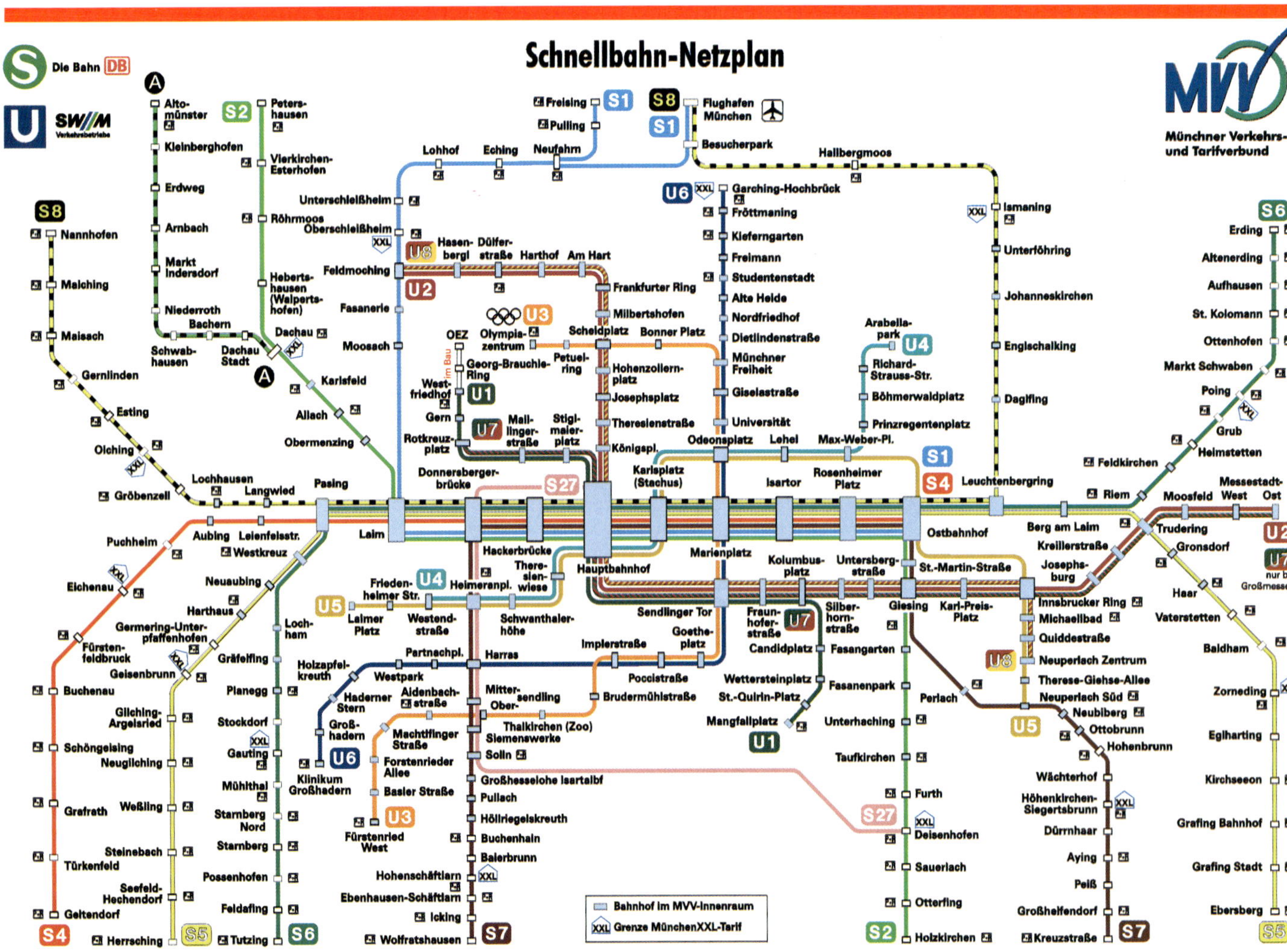

Register

(**Fettgedruckte** Ziffern verweisen auf Autoatlas und Stadtplan, unterstrichene Ziffern auf Abbildungen)

München

Münchner Umland

Zeichenerklärung Karten

Stadtplan

Autobahn
Autobahn in Bau, geplant
Mehrbahnige Autostraße
Wichtige Hauptstraße
Hauptstraße
Sonstige Straßen
Einbahnstraße
Eisenbahn mit Bahnhof, Eisenbahngelände
S-, U-Bahn mit Bahnhof
Straßenbahnlinie mit Endstelle
Buslinie mit Endstelle
Öffentliches Gebäude
Bebauung
Industriegebiet
Polizei - Postamt
Kirche - Kapelle - Synagoge
Parkplatz - Parkhaus
Sportplatz
Denkmal
Wo - gibt - es - was ? - Hinweis

Autokarte

Autobahn mit Anschlußstelle fertig, in Bau, geplant
Tankstelle, Raststätte
Zweibahnige Autostraße fertig, in Bau, geplant
Bundesstraße fertig, in Bau, geplant
Hauptverbindungsstraße
Gute Ortsverbindungsstraße mit Steigung
Unterhaltener Fahr-, Feld- und Waldweg
Für Kfz gesperrte Straße
Straßennumerierung 61 E8 23
Bedarfsumleitung Autobahnverkehr 24
Kilometrierung zw. Autobahnauffahrten 37
Groß-, Kleinkilometrierung 22 11
Eisenbahn mit Bahnhof - außer Betrieb
Flughafen - Flugplatz - Segelflugplatz
Wo - gibt - es - was ? - Hinweis
Sehenswerter Ort MÜNCHEN
Sonstige Sehenswürdigkeit Schl. Birkeneck
Landschaftlich schöne Strecke
Touristenstraße Dt. Ferienstr. Alpen-Ostsee
Naturpark - Naturschutzgebiet NSG
Botanischer Garten - Wildgehege - Aussichtspunkt
Burg, Schloß - Ruine
Kloster - Klosterruine - Denkmal
Sehenswerte Kirche - Kirche - Kapelle
Forsthaus - Aussichtsturm - Wasserturm
Funk- oder Fernsehturm - Wassermühle
Hervorragende Bäume
Hotel, Restaurant - Schutzhütte - Weinort
Campingplatz ganzjährig - nur im Sommer
Jugendherberge - Naturfreundehaus
Schwimmbad - Heilbad
Parkplatz - Stadion - Sportplatz
Landesgrenze - Kreisgrenze
Wald - Sperrgebiet

Impressum

1. Auflage 1997; 2., aktualisierte Auflage 2001
Verlag: HB Verlag, Marco-Polo-Zentrum, 73760 Ostfildern, Postfach 3151, 73751 Ostfildern, Telefon 0711/4502-0, Telefax 0711/4502-135, www.hb-verlag.de
Geschäftsführer: Dr. Thomas Brinkmann, Dr. Stephanie Mair-Huydts © HB Verlag, 1997 und 2001, für den gesamten Inhalt, soweit nicht anders angegeben
Redaktion und Produktion: Harksheider Verlagsgesellschaft mbH, Fabersweg 1, 22848 Norderstedt, Telefon 040/528862-0, Telefax 040/5234056, eMail HVGmbh@aol.com
Redaktion: Ulrike Klugmann (verantwortlich), Horst Keppler, Helga Schnehagen, Stefanie Zenzen-Scheller **Text und Bildrecherche:** Christoph Thoma, Landshut **Aktualisierung 2001:** Heide Marie Geiss, Windach
Exklusiv-Fotografie: Urs Kluyver, Hamburg **Zusätzliches Fotomaterial 2001:** Evelyn Kirner, Goldach (S. 35 u.), Therme Erding (S. 90 u.r.), Stadt Erding (S. 91 u.); **Layout:** Rolf Bünermann, Gütersloh
Kartografie: © Mairs Geographischer Verlag, Ostfildern
HB-Bildatlas Fotoservice: Harksheider Verlagsgesellschaft mbH, Fabersweg 1, 22848 Norderstedt, Telefon 040/528862-22, Telefax 040/5234056

Für die Richtigkeit der in diesem HB-Bildatlas angegebenen Daten – Adressen, Öffnungszeiten, Telefonnummern usw. – kann der Verlag keine Garantie übernehmen.
Nachdruck, auch auszugsweise, nur mit vorheriger Genehmigung des Verlages. Erscheinungsweise: monatlich

Anzeigenalleinverkauf: KV Kommunalverlag GmbH, Postfach 810565, 81905 München, Telefon 089/928096-24, Telefax 089/928096-20
Vertrieb Zeitschriftenhandel: Partner Pressevertrieb GmbH, Postfach 810420, 70521 Stuttgart, Telefon 0711/7252-227, Telefax 0711/7252-310
Vertrieb Abonnement: Zenit Pressevertrieb GmbH, Postfach 810640, 70523 Stuttgart, Telefon 0711/7252-265, Telefax 0711/7252-333, eMail hbverlag@zenit-presse.de
Vertrieb Buchhandel und Einzelhefte: Mairs Geographischer Verlag, Marco-Polo-Zentrum, 73760 Ostfildern, Telefon 0711/4502-0, Telefax 0711/4502-340
Reproduktionen: Otterbach Digital World KG GmbH & Co., Rastatt **Druck und buchbinderische Verarbeitung:** Echter Würzburg. Printed in Germany

ISBN 3-616-06265-9

Die schnelle Alternative vor den Toren Münchens

Der Flughafen Augsburg ist der Airport der kurzen Wege

Flughafen Augsburg Bayerns größter Regionalflughafen schnell und unkompliziert

Wer schnell in die Luft will, weite Wege und lange Wartezeiten scheut, der fliegt mit Augsburg Airways vom Flughafen Augsburg aus, sei es nach Frankfurt, Düsseldorf, Köln/Bonn, Hamburg oder Berlin. Immer mehr Menschen wissen die Vorteile des größten bayerischen Regionalflughafens vor den Toren Münchens zu schätzen. Knapp 250.000 Fluggäste waren es im Jahr 2000 – und die Zahl steigt weiter.

Die Pluspunkte des Flughafens Augsburg liegen auf der Hand: Er liegt verkehrsgünstig nur drei Fahrtminuten von der Autobahn A8 (München-Stuttgart / Ausfahrt Augsburg-Ost) entfernt. Vom Parkplatz aus dauert es maximal fünf Minuten, um das Abfluggebäude mit Gepäck zu erreichen. Der Flughafen ist übersichtlich, er erlaubt eine kurze Check-In-Zeit von nur zwanzig Minuten. Der Flughafen Augsburg überzeugt aber mit seinen kurzen Wegen auch nach der Landung. Bereits fünf Minuten nach Verlassen des Flugzeuges hält der Passagier sein Gepäck schon wieder in der Hand.

Vom Münchner Westen aus braucht man nur 35 Minuten mit dem Auto, vom Augsburger Hauptbahnhof lediglich 15 Minuten. Hier wartet der Augsburger Flughafen Express (Shuttlebus) auf den Passagier.

Der Flughafen Augsburg ist der größte Regionalflughafen Bayerns vor Hof und Bayreuth. Vor den Toren Münchens ist er heute nicht nur für Geschäftsleute aus dem Raum Augsburg die schnelle Alternative zum Flughafen München.

Der Flughafen Augsburg lockt aber auch immer mehr Menschen aus Norddeutschland nach Bayerisch-Schwaben, ins Allgäu und nach Oberbayern. Öffnet die Verbindung Augsburg - Frankfurt das Tor zur Welt, so ist der Flughafen Augsburg auch das Eingangsportal der Welt ins Allgäu.

Ab 2003/2004 wird ein ausgebauter und damit "neuer" Flughafen Augsburg seine Vorteile, seine Bedeutung, aber auch seinen Charme als Flughafen der schnellen, kurzen Wege verstärkt unterstreichen können. Zusätzliche Flugverbindungen innerhalb Deutschlands und Europas werden das Angebot erweitern.

Lieferbare Ausgaben

DEUTSCHLAND

227 Allgäu
198 Altmühltal
108 Bayerisch Schwaben
204 Bayerischer Wald
107 Berlin
185 Bodensee
111 Brandenburg
178 Chiemgau · Berchtesgadener Land
145 Dresden · Sächsische Schweiz
116 Düsseldorf
121 Eifel · Aachen
133 Elbe und Weser · Nordseeküste
163 Erfurt · Weimar · Nördliches Thüringen
171 Erzgebirge · Vogtland · Chemnitz
190 Fichtelgebirge · Frankenwald · Coburger Land
125 Fränkische Schweiz
131 Hamburg
131 Hamburg, English Edition
73 Hannover · Braunschweiger Land
129 Harz
188 Hessisches Bergland
90 Hunsrück · Naheland · Rheinhessen
103 Köln
209 Lüneburger Heide
137 Mainfranken · Steigerwald · Haßberge
99 Mecklenburg-Vorpommern
151 Mittelfranken
135 Mosel
165 München
119 Münsterland · Münster
153 Nördlicher Schwarzwald
159 Nordseeküste Schleswig-Holstein
196 Oberbayern zwischen Lech und Inn
95 Oberpfalz · Regensburg
143 Odenwald · Kraichgau · Bergstraße
219 Osnabrücker Land · Emsland · Oldenburger Münsterland · Grafschaft Bentheim
155 Ostbayern zwischen Donau und Inn
211 Ostfriesland · Oldenburger Land
168 Ostseeküste Mecklenburg-Vorpommern
157 Ostseeküste Schleswig-Holstein
215 Die Pfalz
194 Potsdam · Havelland
149 Rhein und Ruhr
127 Rhön
208 Rügen · Usedom · Hiddensee
161 Saarland
78 Sachsen
114 Sachsen-Anhalt
110 Sauerland
200 Schwäbische Alb
179 Seen in Mecklenburg und Lauenburg
147 Spessart
214 Spreewald · Lausitz · Märkisch-Oderland
139 Südschwarzwald
224 Sylt · Amrum · Föhr
182 Tauber und Neckar · Stuttgart · Heilbronn · Rothenburg
173 Teutoburger Wald · Ostwestfalen
94 Thüringen
141 Thüringer Wald
202 Trier
123 Weserbergland
98 Westerwald · Taunus · Rheingau

BENELUX

187 Flandern · Brüssel
146 Holland – Inseln · Küste · Amsterdam
62 Luxemburg

FRANKREICH

160 Atlantikküste
122 Bretagne
217 Burgund
225 Côte d'Azur
222 Elsass
221 Korsika
102 Loire
132 Normandie
192 Provence
184 Südfrankreich · Languedoc-Roussillon

GRIECHENLAND · ZYPERN

193 Athen · Peloponnes
140 Griechische Inseln · Kykladen
189 Korfu · Ionische Inseln
228 Kreta
104 Rhodos · Dodekanes
166 Zypern

GROSSBRITANNIEN · IRLAND

158 Irland
197 Kanalinseln
175 London
144 Schottland
124 Südengland
216 Wales

ITALIEN · MALTA

195 Adriaküste · Emilia Romagna
126 Gardasee · Trentino
156 Golf von Neapel · Kampanien
128 Malta
210 Mittelitalien · Marken · Umbrien · Abruzzen
142 Oberitalienische Seen · Lombardei · Mailand
74 Riviera · Genua
226 Rom
136 Sardinien
92 Sizilien
201 Süditalien · Apulien · Basilikata
207 Südtirol
167 Toskana · Florenz
181 Venedig · Venetien · Friaul · Triest

MITTEL- UND OSTEUROPA

164 Böhmen
138 Budapest
148 Danzig · Ostsee · Masuren
120 Prag
152 St. Petersburg

ÖSTERREICH

162 Burgenland
170 Kärnten
199 Niederösterreich · Wachau
218 Oberösterreich
220 Salzburger Land · Salzkammergut · Salzburg
66 Steiermark · Graz
174 Tirol
47 Vorarlberg
206 Wien

SCHWEIZ

154 Basel · Bern · Aargau · Solothurn
115 Graubünden
172 Tessin
191 Westschweiz · Genfer See · Wallis
72 Zentral- und Ostschweiz

SPANIEN · PORTUGAL

130 Algarve · Lissabon
223 Andalusien
150 Costa Blanca · Valencia · Alicante
109 Costa Brava · Katalonien
176 Gran Canaria · Fuerteventura · Lanzarote
213 Ibiza · Formentera · Menorca
134 Madrid
212 Mallorca
203 Nordportugal
205 Nordspanien
177 Teneriffa · La Palma · Gomera · Hierro

SKANDINAVIEN

183 Bornholm
186 Jütland
180 Nordnorwegen
169 Südfinnland · Helsinki
106 Südnorwegen
118 Südschweden · Stockholm

Überall im Pressefachhandel, Buchhandel und Bahnhofsbuchhandel erhältlich oder zu bestellen unter Telefon 0711/4502-0, Fax 0711/4502-340

PRESSE · PRESSE & BUCH IM BAHNHOF

Erding erleben

Fremdenverkehrsverein Erding
Tel. 08122/558488 · Fax 08122/558489
Zentrale Reservierung: 0180/5333335
Internet: www.erding-tourist.de
e-mail: info@erding-tourist.de

Erleben Sie München …

und attraktive Ausflugsziele im Umland